Das Mountain Bike

Ulrich Herzog

Das Mountain Bike

Fahrrad fürs Abenteuer

Moby Dick

Dieses Buch ist gewidmet
meinem Sohn Jakob

Wichtiger Hinweis:
Alle in diesem Buch aufgeführten Ausstattungshinweise, Preisangaben usw. sind erfahrungsgemäß Änderungen unterworfen und daher nicht verbindlich.

2. Auflage August 1988
Umschlag- und Buchgestaltung: Arnd Bentlin
Zeichnungen: Artes
Satz: AbSatz Typographisches Büro, Hoya
Herstellung: WDA Brodersdorf
ISBN 3-922843-34-4

Inhalt

Vorwort

Gottseidank, das Buch ist fertig und ich kann das Chaos wieder aufräumen. Zwischen Bergen von Papier stehen Mountain Bikes in der Stube herum, teils blitzend, teils schlammverkrustet (der Kanarienvogel flattert von Lenker zu Lenker). Auf dem Flur türmen sich Stollen-, Steg- und Slickreifen - es riecht wie im Gummigroßhandel.

Die ganzen Zubehörteile habe ich schon in Kisten verstaut, aber die Packtaschen liegen noch von der Reise herum. Die Kuriertasche von den New Yorker Fahrrad-Messengers hat natürlich ihren Ehrenplatz - und der Werkzeugkasten muß auch immer in Reichweite sein ...

Bei keinem Fahrradbuch gab es soviel Action, bei keinem habe ich soviel Aufmerksamkeit und Unterstützung erfahren. Viele Firmen stellten Räder und Zubehör zum Test bereit, Fahrradhändler halfen in langen Informationsgesprächen. Halbprofessionelle Probefahrer quälten sich durch Wald und Sumpf und schreckten selbst vor entsagungsvollen Testfahrten durch Mallorca nicht zurück.

Am meisten habe ich mich über die vielen wertvollen Informationen gefreut, die „alte Hasen" mir zukommen ließen und ohne die dieses Buch kaum vorstellbar wäre. Allen, die mir so bereitwillig geholfen haben, gilt mein herzlicher Dank!

Vom „Adler Berg und Thal“ und anderen Vögeln

Fahrräder sind in erster Linie Straßenfahrzeuge. Sie können uns aber auch durchs Gelände tragen - wenn die technischen Voraussetzungen stimmen und wir den nötigen Willen aufbringen. Die modernste Fahrradtechnik, das ist klar, bildet den Schwerpunkt dieses Buches. Damit wir sie bei aller Begeisterung nicht überbewerten, werfen wir einen Blick zurück in die Geschichte.

In den nächsten Kapiteln befassen wir uns mit dem Lehrsatz „Wo ein Mountain Bike (kurz: MTB) ist, ist auch ein Weg“ - das wird den off-road-hungrigen Leser nicht überraschen. Doch in grauer Vorzeit, als *„All Terrain“* noch ein Fremdwort war, kam man auch ohne High-Tech über die Sieben Berge. Das Motto jener prähistorischen Pedaleure hieß: „Wo ein Wille ist, ist auch ein Weg.“ Die äußerst hintersinnige Parallele sagt im Grunde nur, daß Technik, für sich genommen, bedeutungslos ist. Bevor auf den nächsten Seiten das große Fachsimpeln anhebt und die Fat-Tire-Enthusiasten zu ihrem Recht kommen, hier ein paar Impressionen aus vergangenen Fahrradzeiten.

Eine Art durchgeistigtes Geländerad wird, wenn man der Bibel trauen mag, schon aus alttestamentarischen Zeiten überliefert.

> „Und wenn die Gestalten gingen, so gingen auch die Räder mit, und wenn die Gestalten sich von der Erde emporhoben, so hoben die Räder sich auch empor. Wohin der Geist sie trieb, dahin gingen sie, und die Räder hoben sich mit ihnen empor; denn es war der Geist der Gestalten in den Rädern.“ *Hesekiel, 1.2.*

Diese Quelle zitiere ich indessen nur zögernd, denn es wird umstritten bleiben, ob der Prophet hier tatsächlich ein visionäres Mountain-Bike beschrieben hat. Wenden wir uns also lieber den handfesten Tatsachen zu. Unter all denen, die je den Hintern auf einem Fahrradsattel wetzten, gibt es zumindest einen Helden: Thomas Stevens, der vor gut hundert Jahren auf seinem Hochrad die Welt umra-

Abb.1 Mountain Biker Thomas Stevens

delte. Die Lektüre seines Tagebuches hat die seltsame Wirkung, daß die Beschreibung der eigenen (stets einmaligen und unglaublich strapaziösen) Reisen plötzlich wesentlich bescheidener ausfällt. Wer hat je auf einem Hochrad gesessen? Und damit durch Rocky Mountains, Wüste, Hindukusch ...?

„Es war eine erbärmliche Arbeit, durch den tiefen Schnee zu treten und dabei das Hochrad zu schieben und zu schleppen, auf einer Straße, wo wenig Pferde eben erst einen Weg angedeutet hatten; aber die Kälte begünstigte die körperliche Anstrengung ..."

„Der Strom, obgleich tief, war keine dreißig Meter breit, und wenige Minuten genügten mir zum Hinüberschwimmen mit meinen Kleidern, meinem Gepäck und dem Sattel des Velocipeds. Dann kehrte ich zurück, befestigte das kleine, starke Seil, welches ich von Konstantinopel mitgebracht hatte, an dem Fahrrad; schwamm mit dem einen Ende wieder hinüber und zog so das Fahrrad unversehrt durch das Wasser...“

Kurzum, Stevens war der erste hartgesottene, schottergeprüfte, schmierölgesalbte Mountain Biker. Friede seinen Pneus!

Daß Hochräder nicht besonders klettertauglich sind, dürfte einleuchten. Kein Wunder also, daß der Fahrrad-Enthusiasmus der frühen Jahre eine Vielfalt neuer Konstruktionen hervorbrachte. Um die Jahrhundertwende entstand nebenstehendes Bild eines bärtigen Klippschliefers mit Klapp-MTB. Für die Kamera posierte der Gebirgler in der Off-Road-Kluft (Hemd Marke „Thurings Schweißsauger“) allerdings im Atelier vor einem alpinen Papp-Panorama. Es wäre interessant zu wissen, wie man sein Klapprad über den Gamspfad zwingt und dabei den Bergstock in der Hand behält.

Abb.2 Klapprad fürs Gebirge

Abb.3 *Adler Berg- und Thalrad*

Im Berliner Museum für Verkehr und Technik prangt ein Veteran von 1949, dem der Ehrenplatz in der MTB-Ahnenreihe gebührt. Sein Name ist Programm: Adler Berg- und Thalrad. Seinerzeit auf der Höhe der Fahrradtechnik mit schwerem, stabilem Rahmen und in Höhe und Längsrichtung verstellbarem Sattel. Antrieb durch Dreigang-Tretlagerschaltung, kombiniert mit einer Zweigang-Hinterradnabe. Standsicherer Zweibeinständer unter dem Tretlager. Dynamobeleuchtung mit großem Scheinwerfer und, kaum zu glauben, einer zusätzlichen Standlichtbatterie. Im Rahmendreieck oberhalb des Tretlagers eine Tragehilfe (auch so ein Teil, von dem einige glauben, es sei gerade erst für unsere MTBs erfunden worden ...)

Lange Jahre waren die Konstrukteure damit beschäftigt, die Bergtauglichkeit des Fahrrades durch Schaltgetriebe zu steigern. Besonders gut läßt sich dieser Trend in der Werbung der dreißiger und vierziger Jahre erkennen. Ein Kunde der Adler-Werke jubelte:

> „Das Rad hat eine ideale Anpassungsfähigkeit an das Gelände. Auf den Schwarzwaldstraßen konnten langanhaltende Steigungen ohne Ermüdung befahren werden. Bei der Abwärtsfahrt überrascht der Schnellgang, besonders bei nur geringem Gefälle. Ich konnte hier mühelos fast sämtliche Radfahrer abhängen. Die Fahrt hat einen bisher nicht gekannten Rausch schneller Radfahrt bei mir ausgelöst“.

MUTAPED
AUTOMATISCHES 3-GANGGETRIEBE
Vitesse
Schnell-Gang
Grande Vitesse
SPORT A.G. BIEL
S.A. BIENNE

In den fünfziger Jahren riß die Weiterentwicklung geländebzw. berggängiger Räder plötzlich ab. Die rapide Verbreitung der Motorfahrzeuge (Fahrrad mit Hilfsmotor - Moped - Motorrad - Kleinwagen) kündete vom Komfortbedürfnis des wirtschaftswunderlichen Bürgers. Drahtesel? Für Leute, die sich nichts besseres leisten konnten ...

Beruhigend, daß fortwährende Sattheit irgendwann wieder nach dem Gegenteil lechzt. Mehr Geld, mehr Freizeit; kultivierte Abenteuerlust und eine Prise Umweltbewußtsein wurden Ende der siebziger Jahre Geburtshelfer des „Fahrradbooms“. In seinem Gefolge tummelten sich ein paar amerikanisch bunte, verrückt gebaute Velozwerge: BMX-Räder. Die radikal sportlich und showmäßig gehaltenen Bikes haben, von den meisten unbeachtet, das Fahrrad vom Asphalt geführt. Vielleicht, weil es ausschließlich Kinderräder sind, konnten sie sich bei uns nicht annähernd so durchsetzen wie in den USA. Dort muß der Spaß, den die Kids bei ihren akrobatischen Sprüngen und Kraxeleien vermittelten, auf einige unverbesserliche Pistenfeger übergesprungen sein. Sie hatten es satt, Apshaltmeilen abzuspulen - über den Rennbügel gebeugt, die Autoabgase tief in die Bronchien ziehend ... So packten sie das gute alte Schwinn's Excelsior (ein Klassiker unter den amerikanischen Fahrrad-Oldtimern) in den Kofferraum, erklommen bequem per Auto die kalifornischen Berge - und dann bergab mit Gejodel! So wenigstens will es die Fahrradlegende. Die ersten Mountain Bikes der achtziger Jahre waren reine Gefällemaschinen, die zu Tal donnerten wie der Dollarkurs. Wie es typisch ist für die amerikanische Fahrradszene, gingen bei den Technik-Besessenen umgehend die Lötlampen an. Das Ergebnis ist bekannt; es rollt überall durch die Geographie und füllt die Seiten dieses Buches. Viva la bici-monte!

Was ist ein Mountain Bike?

Das bullige MTB ist ein Gerät, das unwegsames Gelände in Fahrradwege verwandelt. Dadurch allein läßt sich seine unglaubliche Beliebtheit jedoch nicht erklärem. Wahrscheinlich liegt es daran, daß jeder in diesem obskuren Objekt der Begierde etwas anderes sucht und findet: Der bekennende Radler, asphaltmüde geworden, spurt nun auf Stollenpneus durch Feld und Flur. Technikfreaks tüfteln an positionierenden Schaltungen ... Lästerzungen behaupten, es sei ein Spielzeug für Youngster, die ihre Milchzähne auf BMX-Pisten gelassen hätten und dasselbe nun eine Nummer größer wünschen. Yuppies halten es für ein zeitgemäßes Büromöbel. Der Radreisende, den es zur Abwechslung nach Wüstensand und Geröllfeldern gelüstet, stellt seinen schmalreifigen Randonneur in die Ecke. Bergsteiger sehen in der Pedalziege die Chance, endlich einmal in die Schlagzeilen zu kommen (das Matterhorn direttissimo bergab schafft jeder - per Fahrrad wirkt es noch ungewohnt). Diskobesuchern dient das MTB zur Imagepflege, wozu allerdings eine dezente Schlammspritzer-Dekoration gehört. Und die Normalradler? Auch sie sind mit von der Partie, denn ihnen gefällt das bequeme, durchtechnisierte Allzweckgefährt.

Steckbrief

Ein 10- bis 18-Gänger mit kräftigem Rahmen, robusten Zubehörteilen und dicken Reifen. Dank des geraden „Motorradlenkers“ sitzt man ziemlich aufrecht. Die 26-Zoll-Räder lassen es zu, sich in kniffligen Situationen blitzschnell mit den Füßen abzustützen. Die Bremsen packen mit ungewohnter Schärfe zu; die Pedale sind so groß, daß die Füße sie einfach nicht verfehlen können. Man könnte sagen, eine Hybridzüchtung aus Tourenrad und BMX-Rad.

Relativ wenige Modelle sind schon für 700.- bis 800.- Mark zu haben. Sie gelten als wenig geländetauglich und einfach „zu billig“. Ab 1000.- Mark geht der Spaß richtig los: Für ein

Abb.5 *Am Fuß des Matterhorns (Foto Blomberg)*

gutes Rad, so eine gängige Faustregel, sind 1500.- Mark nicht zuviel. Wer noch mehr goldene Gickerlinge anlegen möchte, kommt leicht auf seine Unkosten: auch zwischen 1800.- und 2500.- Mark ist noch manches Serienmodell auf dem Markt. Noch teurere Räder sind selten; in diesen Höhen klingt die MTB-Verrücktheit allmählich ab. Unsere heimischen Nobelradbauer verlangen schon mal 3500.- Mark - eine Investition, die das Stock-und-Stein-Fahren als Lebensphilosophie voraussetzt.

Für den dreifachen Preis eines Normal-Velocipeds erwirbt man ein Rad mit zwei herausragenden Eigenschaften: **Geländetauglichkeit und Vielseitigkeit**. Über erstere wird noch eine Menge gesagt werden. Die zweite bedeutet, daß dem Einsatz der Mountain Bikes kaum Grenzen gesetzt sind. Wurden sie ursprünglich für die Berge gebaut, so bewähren sie sich auch in der Stadt, im Schnee, im Wasser (wenigstens, solange der Kopf des Fahrers noch über die Wellen ragt) und als Reiserad. Wer ungezählte Asphaltkilometer abreißen will, ist natürlich mit einem echten Randonneur, d.h. einem Reiserad, weit besser bedient. Aber sowie sich der Lenker Richtung Ödland bewegt, geht das dickreifige Geländerad in Führung. Für den Einsatz als Vielzweckrad gibt es einige interessante Kombinationsmodelle.

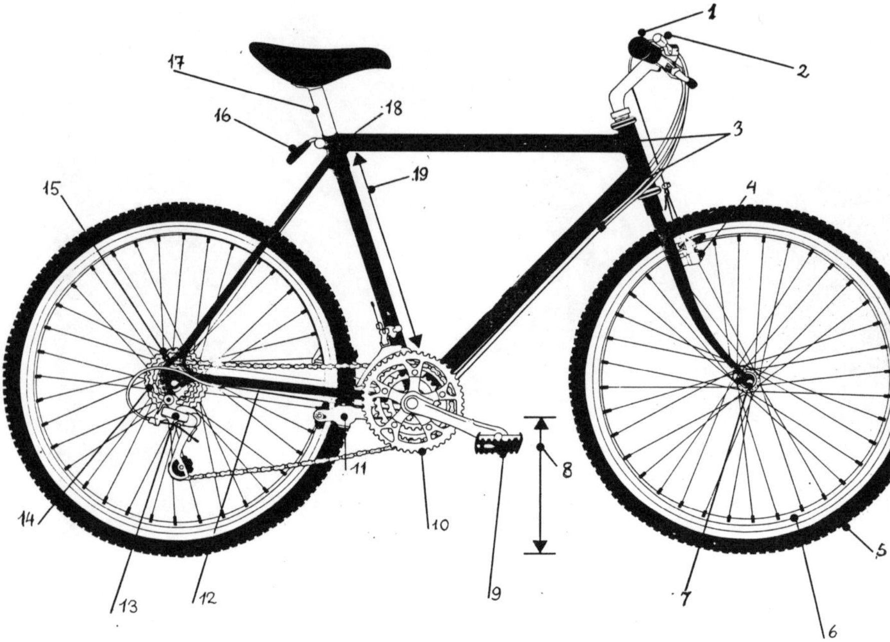

Abb.6 Mountain-Bike-Steckbrief:

1 gerader Lenker
2 Daumenschalthebel
3 großvolumige Rahmenrohre
4 Cantilever-Bremsen
5 Stollenreifen
6 Alu-Felgen 26"
7 Schnellspanner oder Achsmuttern
8 hohe Bodenfreiheit
9 gezackte Pedale
10 Dreifach-Kettenrad
11 U-Bremse / Power-Cam-Bremse
12 Kettenstrebenschutz
13 „Long Cage" Schaltwerk
14 6fach-Zahnkranz
15 Ausfallenden mit Schraubösen
16 Schnellspanner
17 extralange Sattelstütze
18 Rohrverstärkung
19 kurzes Sitzrohr

Bei gewissen Reizwörtern wie „geländegängig" oder eben auch „Mountain Bike" denkt man unwillkürlich an Männerzigaretten und Klapperschlangen, Muskelkater und karge Nachtlager. Dabei besticht das MTB gerade durch eine ganz unerwartete Eigenart: **Bequemlichkeit**! Wer den Vergleich mit anderen Rädern durchführt, kommt zu dem Schluß: Kaum ein anderes Rad ist so komfortabel zu fahren (bei größeren Distanzen sieht es anders aus).

Eines ist allen MTBs gemeinsam: Sie verkörpern den neuen Fahrradtrend so sehr, daß Hersteller und Händler kaum nachkommen können! Ein typisches Beispiel für die enormen Zuwachsraten: Ein großer Radsporthändler in Hamburg verkaufte im ersten Halbjahr 1986 ganze drei MTB, im zweiten Halbjahr bereits 50, 1987 weit über 500! Allein 1987 sollen in Deutschland ca. 20.000 Stück verkauft worden sein. Davon ein großer Teil, zumindest im hohen Preisniveau, als reine Geländeversion, d.h. für den Straßenverkehr gar nicht zugelassen. Amibitionierte Velo-Cowboys akzeptieren das Straßenzubehör ohnehin nur als Aufrüstungs-Set, wollen es aber nicht wirklich am Rad haben.

Wie nennen wir das Ding?

Durch simple Dickreifen wird kein noch Fahrrad zum Pistenschreck. Dennoch werden sie alle als „Bergräder" bezeichnet. Die Namensgebung ist, zieht man die verschiedenen Anwendungsformen in Betracht, fragwürdig geworden. Erstaunlich viel Hirnschmalz wird vergeudet bei den Versuchen, für jedes Fahrrad die adäquate Fachbezeichnung zu finden und zu verteidigen: *MTB* und *ATB, Geländerad* und *Trekking Bike, Robustrad, Off-Road-Touring, Heavy-Duty-Cross* (doch, sowas denken sich deutsche akademische Fahrradtester aus!), *All Terrain Trekking, Beach Cruiser, Robust-Velo, City und Country Bike* usw. usf.

Der Ausdruck, der dem Gerät am ehesten gerecht wird, ist wohl *„All Terrain Bike" (ATB)*, umfaßt er doch alle Einsatzgebiete. Trotzdem halte ich wenig von diesen typisch deutschen Klassifizierungsbemühungen; es ist zu anstrengend und auch unnütz, alles gegeneinander abgrenzen zu wollen. Die Übergänge sind fließend. Wie wär's, wenn jeder sein Rad individuell benennt? Dagegen kann niemand etwas sagen ... Für dieses Buch behalte ich jedenfalls als **Überbegriff „Mountain Bike"** bei. Der Name ist historisch gewachsen und vermutlich auch der erste, der einem beim Anblick dieser Gattung Velo spontan einfällt. Wo es um spezielle Anwendungen geht, werden natürlich auch andere Bezeichnungen gewählt. Diese Möglichkeiten sind, was ja einen Teil des MTB-Fiebers ausmacht, höchst vielfältig:

* **wettbewerbsmäßiger Off-Road-Sport** (BMX für Erwachsene)
* **Mountain Biking** (Bergwandern auf Reifen)
* **City** (alltägliches Kantstein-, Schlagloch- und Treppenfahren)
* **Expedition** (Spuren legen in Wüste und Gletscher)
* **Touren** (Straßeneinsatz mit Matsch-Bonus)
* **Ausgleichssport**
  (nach Belieben fortzusetzen)

Wichtiger als eine Bezeichnung erscheint mir die Fähigkeit, ein Fahrrad zu beurteilen. Aus einer realistischen Einschätzung läßt sich leicht ableiten, für welchen Verwendungszweck die Maschine sich anbietet.

Grenzen

Das ist der Boom: kaum glaubliche Umsätze und lärmende Werbung, begeisterte Reportagen und wichtigtuerische Reiseberichte. Da kommt die Sachlichkeit leicht ins Hintertreffen. Nicht jedes Mountain Bike ist ein „Superding“. Beispiel: Bei einer Rallye in den Dolomiten (1987) fuhr das 74köpfige Starterfeld - alle mit guten, teuren Rädern versehen - zwei Rahmen, fünf Achsen (keine Hohlachsen!) und sechs Schaltungen zu Bruch. **All-Terrain-Technik ist nicht unzerstörbar!** Im Kapitel *Pflege und Wartung* wird hierzu noch einiges gesagt werden. Das neue MTB wird vielleicht noch deine Urenkel begeistern - aber kaputtzukriegen ist es doch (Tand, Tand, ist das Gebilde von Menschenhand ...) Und nicht nur die Technik kennt Sollbruchstellen, sondern auch das Vergnügen.

Angeblich gibt es nichts Schöneres, als mit dem „Spaßrad“ die steilsten Schotterhänge emporzukurbeln. Irrtum! Es ist wunderbar, die Geländegängigkeit des ATB zum erstenmal zu erfahren. Aber auf Dauer sucht man auch im Gebirge instinktiv nicht das extremste, sondern das bequemste Gelände. Andernfalls heißt es zähneknirschend: **Selbst das MTB hat seine Spaßgrenzen.** Bleibt noch die Umweltfrage, wo der Radler gefordert ist, Verantwortung zu zeigen. Darüber mehr im Kapitel *Umweltschutz.*

Rahmen

Stahl oder Alu?

Versetzen wir uns um zwanzig Jahre zurück. Tourenräder mit gewichtigen, rostfreudigen Stahlrahmen („schwer und schwarz") prägen den Radmarkt. Dagegen treten plötzlich silbrig schimmernde Leichtgewichte an: Aluräder. Hauptargumente dieser Ära: Keine Rostprobleme mehr! Sicher, aber die stellen sich auch an einem hochwertigen, mehrfach lackierten Stahlrad kaum noch. Nirosta- und LM-Teile sind sowieso Pflicht für den qualitätsbewußten Eisenmann, und am nichtrostenden Alurahmen wären rostende Speichen ein Witz. Zweites Argument der Leichtmetaller: leicht und deshalb leicht zu fahren! Nun bedeutet weniger Rahmengewicht nicht unbedingt leichteren Antrieb; das wird eher durch leichtere bewegliche Teile (Laufräder) bestimmt. Dennoch, *einige* Aluräder bringen tatsächlich weniger auf die Waage als vergleichbare Stählerne. Von seiten der Benutzer aber kommen Klagen über gefährliche Materialschwächen. Mit neuen Legierungen begegnen die Hersteller dieser Herausforderung. Aluminium erreicht mehr Steifheit, aber nicht die Festigkeit *und* Elastizität von Stahl, selbst bei höherem Materialaufwand. So empfehlen viele Händler Aluräder, z.B. Citybikes, nur bis 53 cm Rahmenhöhe. Wenn man aber in Betracht zieht, daß ein leichtes Fahrrad sich mühelos tragen läßt, so ist es auch leichter zu handhaben - das scheint bedenkenswert gerade für den All-Terrain-Einsatz. Um so überraschender fiel ein Gewichtsvergleich zwischen Alu- und Stahl-MTBs aus. Im „tour"-Test erwiesen sich die Leichtmetallräder als die schwereren! Des Rätsels Lösung sind die gewichtigen Laufräder und schwere Zubehörteile sowie die großen Rohrdurchmesser. Um auf ausreichende Festigkeit zu kommen, muß weit mehr Material aufgewendet werden als bei Stahlrohren. So geben sich Alu-Räder schon von weitem durch ihr großvolumiges Gestänge zu erkennen. Der ohnehin bullige Eindruck des Fahrrades wird damit noch mehr betont.

Beeindruckend sind die hohen Verkaufszahlen der Cannondale-Aluräder in den USA. Glaubt man der aggressiven Werbung des Herstellers, so übertreffen seine Rahmen-

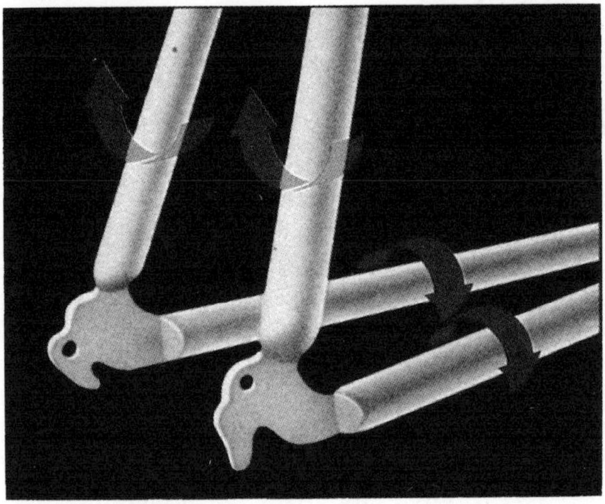

Abb.7 Mit überdimensionierten Rohren begegnet Cannondale den Torsionskräften

rohre an Festigkeit bei weitem die der Stahl-Konkurrenz (als Vergleich wurde allerdings nur eine Marke, nämlich Reynolds, gewählt) und sind gleichzeitig wesentlich elastischer und angenehmer zu fahren. O-Ton: „Das Rad schmiegt sich an die Straße". Nimmt man einen gegebenen Stahlrahmen, so läßt sich natürlich eine Leichtmetallkonstruktion denken, die stabiler ist. Der Materialaufwand ist eben entsprechend höher, die konstruktiven Parameter müssen dem Material entsprechend verändert werden. Gerade Cannondale-Rohre fallen durch mächtige Dimensionen, aber auch durch wohl unübertroffene Steifheit auf. Unbestritten sind die Bikes des Trendsetters aus Connecticut durchdacht und gediegen. Bis auf den vorderen Kettenwerfer, der zu jedem Rad mitgeliefert wird, ist der Rahmen für Standardkomponenten ausgelegt. Mit Ausnahme des allerdings sehr empfindliche Tretlagergewindes sind an den „Gebrauchsstellen" Stahlgewinde eingesetzt. Problematisch: Gebrochene oder verformte Alurahmen können nicht repariert werden. Cannondale gewährt daher vorausschauend Garantie auf Lebenszeit und umgeht so eventuelle Reklamationsprobleme. Mehr darüber im Kapitel *Modelle.*

Die Vorteile der Leichtmetallbikes (Cannondale, Kettler, Raleigh) liegen also nicht unbedingt in Materialvorzügen begründet, sondern in persönlichen Vorlieben. Gerade MTB-Fans haben hierfür breiten Spielraum.

Sonstige Materialien werden gerne als Messegags vorgestellt, z.B. ein Nobel-MTB von Trecia aus schierem

Titan. Die Frage, für wen das New-Age-Velo gedacht ist, wurde nicht gestellt. Lassen wir es dabei...

Die Qualität des Stahlrahmens

Drei Kriterien kennzeichnen die Güte des Fahrrades : Die Qualität des Rahmens, die richtige Bemaßung und die Ausstattung mit Komponenten. Teile lassen sich sofort identifizieren, die Geometrie nachmessen. Nur der Rahmen hüllt sich in fernöstliches Dunkel und verrät kaum etwas über seine Qualitäten. Gute Rahmenrohre tragen einen mehr oder minder bekannten Namen und damit auch ein buntes Label, mit dem es sich sogleich trefflich werben läßt. Die bekanntesten Rohrsätze sind von Reynolds, Columbus, Tange, Vitus, Mannesmann, Ishiwata, Hardtlite (aus dem Hause Koga Miyata). Es handelt sich um legierten Stahl (meist Chrom-Molybdän) mit hoher Festigkeit, der sehr dünne Wandstärken zuläßt. Diese Rohre sind an beiden Enden durch einen Stauchungsprozeß verdickt (doppelt konifiziert); einige zusätzlich in der Mitte (dreifach konfiziert). Mit dem zunehmenden Marktanteil der All-Terrain-Räder haben die renommierten Fabrikanten spezielle Rohrsätze entwickelt.

Abb.8 Rahmenlabel von Qualitätsrohren

Die japanische Rohrschmiede Tange hat allein fünf verschiedene qualifizierte MTB-Rahmensätze im Katalog, mit oder ohne Gabel. Es sind Kombinationen mit geraden, ein-, zwei- und dreifach konfizierten sowie spiralverstärkten Rohren. Typische Oberrohr-Durchmesser:

0,9 - 0,6 - 0,9 (Prestige MTB)
1,2 - 0,9 - 1,2 (Tange MTB)
1,0 - 0,7 - 1,0 (Infinity MTB)

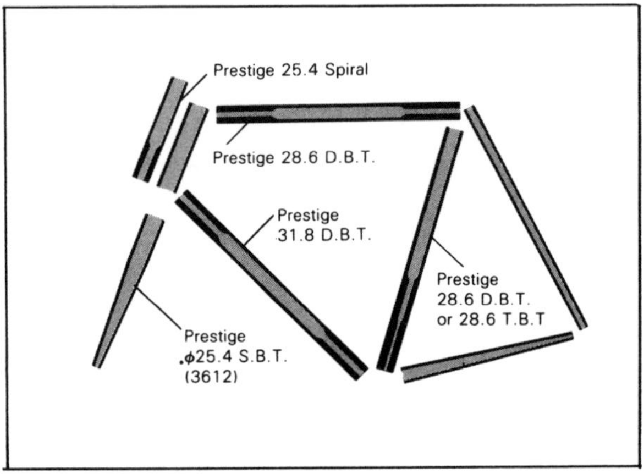

Abb.9 Rohrsatz Tange Prestige

Das Champion Nr.3 CroMo (2131 g), das sich an fast allen Fernost-Reisrädern findet, hat kleine Rohrdurchmesser (ähnlich Rennrad). Infinity CroMo (2820 g) ist ein breites MTB-Standard-Geröhre. Prestige CroMo, von Araya veredelt, findet sich an Nobel-Hobeln.

Das breite Spektrum der charakteristischen Tange-Gabeln ist dem MTB-Kenner vertraut, denn eine Unzahl verschiedener Hersteller stattet seine Räder damit aus.

Reynolds präsentiert unter dem Label „501 All-Terrain“ (1,02 - 0,71 - 1,02) ein eher schlichtes Rohr, das nur mit Messinglot zu verarbeiten ist. Der englische Hersteller wirbt mit verschiedenen Raffinessen wie einem neuentwickelten Gabelprofil und einem superstabilen Hinterbau.

Der Columbus-Set Cromor Or (2690 g) besteht aus doppelt konfizierten CroMo-Rohren. Columbus OR, ein Rohr mit bestem Renommee, besteht aus Nivachromstahl (never heard before), ist doppelt und dreifach konifiziert und bringt 2380 g auf die Waage.

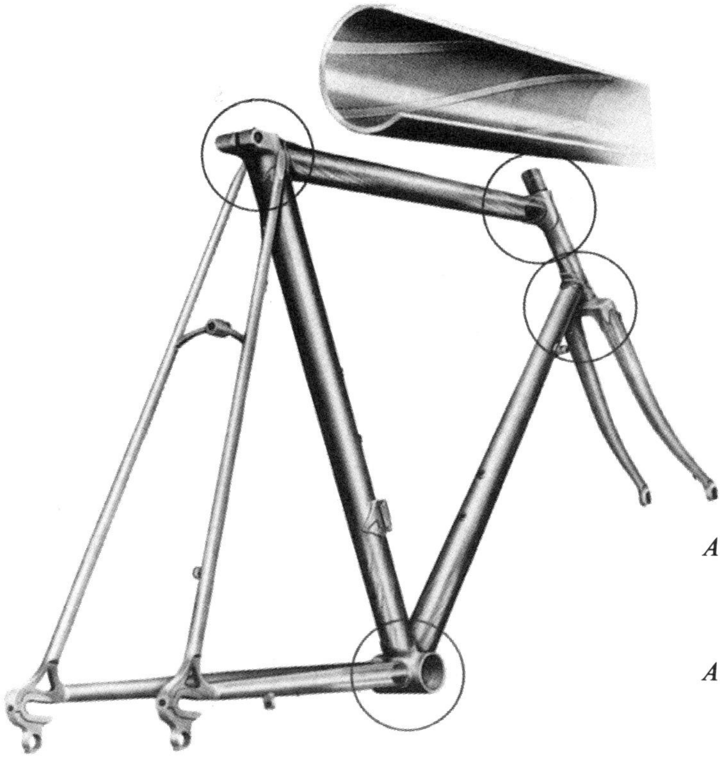

Abb.10 An den kritischen Punkten...

Abb.11 ...setzt Koga Miyata spiralverstärkte Rohre ein

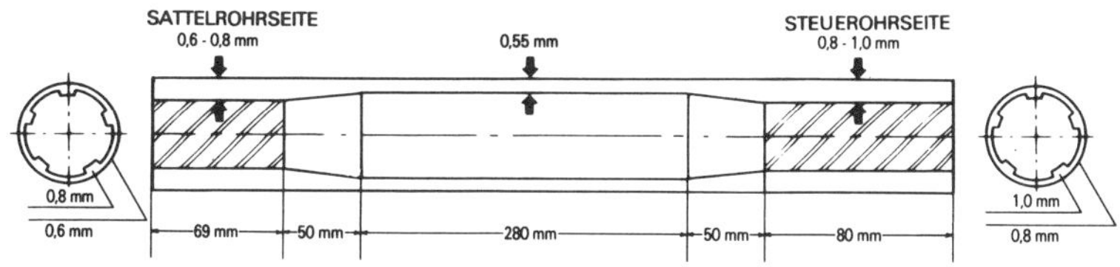

Vitus 949 Rohr ist in einem Mecacycle-Rahmen sehr schön verarbeitet und bis 54 cm stabil (obwohl es eigentlich ein Tourenrahmen ist). Das richtige Off-Road-Gestänge ist jedoch das Vitus 983 MTB (CroMo).

So weit, so gut - an diesen Produkten gibt es wenig auszusetzen ... Für uns sind die Superröhren zwar unabdingbare Voraussetzung, gleichwohl noch kein Beweis für „top quality". Interessant wird es nämlich bei der Verarbeitung, wo sich auch das beste Material im Handumdrehen verpfuschen läßt.

Sehen wir uns die **Muffen** an. Sie sind, wenn es sich nicht um druckgußgefertigte Edelteile handelt, die billigsten Bestandteile des ganzen Rahmens: gestanzt, gebogen, verschweißt. Sie haben im fertigen Gestell wichtige Stützfunktionen, nur darf man darüber nicht vergessen, daß auch die Rohre untereinander zusammenpassen müssen und nicht nur per Muffe wie durch ein Korsett zusammengehalten werden sollen. Ein guter Rahmenbauer wird die Rohre so anfräsen, daß sie sich perfekt zueinander fügen. Kriminell - wenigstens für hochbelastete MTBs - sind stumpf abgelängte Rohre, deren Verbindung dann in der Tat nur durch ein kleines Stück miese Muffe wahrgenommen wird. Geradezu halsbrecherisch kann sich das beschriebene Qualitätsgefälle bei der mächtig strapazierten Gabelmuffe, dem Gabelkopf, auswirken. Ist die Güte eines muffenlosen Rahmens einfacher festzustellen? Auf den ersten Blick schon. Hier müssen die Rohre in jedem Fall perfekt aneinandersitzen, zu prüfen bleiben die Schweißnähte. Doch wie es drinnen aussieht, weiß man nicht. Sind Unregelmäßigkeiten an den Schweißstellen zu entdecken, so heißt es: Vorsicht, schlurige Verarbeitung!

Abb. 12a Typische Gabelform (Tange) mit Muffe

Abb. 12b Gabel an muffenlosem Rahmen

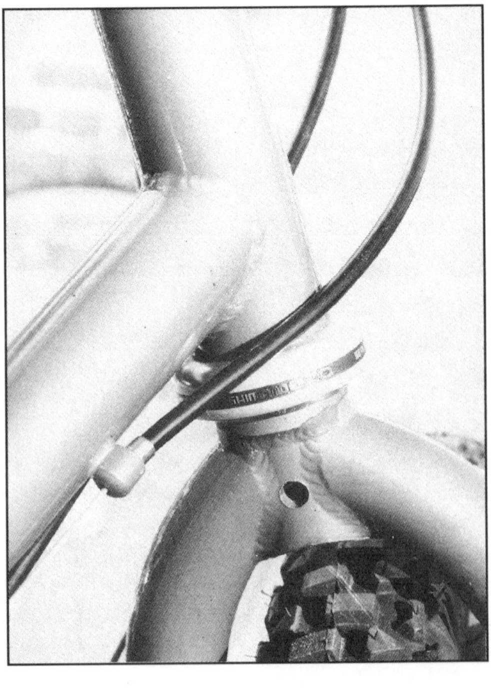

Haben wir Rohre, Rohrpassung und Muffen als Kriterien definiert, so kommt die Verbindungstechnik hinzu. Löten und Schutzgasschweißen dürften hier wohl als ebenbürtig gelten - professionelle Arbeit vorausgesetzt. **Schutzgasschweißen** ist mit höheren Temperaturen verbunden. Weil die Erhitzung unter Sauerstoffabschluß stattfindet, bleibt die Materialveränderung jedoch gering. Beim **Löten** ist es umgekehrt. Messinglot erfordert soviel Hitze, daß es die Festigkeit des Stahls entscheidend mindern kann. Und nur wenige verwenden Hartlot mit einem hohen Silberanteil - oft deshalb nicht, weil MTB-Rohre und Muffen zuviel Zwischenraum haben. Daraus darf gefolgert werden, daß das hübscheste Rohr-Etikett bei sorgloser Verarbeitung nicht mehr Aussagekraft hat als eine Briefmarke. Sollte dir ein Verkäufer vollmundig versichern, dieses oder jenes Rahmenrohr sei nachweislich das beste der Welt (und das Fahrrad deshalb auch), dann sieh ihm bewundernd in die Augen. Deine harmlosen Fragen nach Schweiß- und Lötverfahren, Silber- und Messinglot wird ihn zum Stammeln bringen, vielleicht gar zum Berufswechsel.

Wodurch läßt sich nun ein hochwertiger Rahmen identifizieren?

Ich muß zugeben, alle Tips sind unvollkommen. Man suche zunächst nach dem **Label des Rohr-Herstellers**, denn ein renommiertes Fabrikat ist schon ein guter Anfang. Es folgt die genaue Untersuchung der Muffen. Löt- und Schweißspuren dürfen nicht zu sehen sein. Je individueller und feiner ausgearbeitet die **Muffen**, desto höher der Aufwand und desto größer wahrscheinlich auch die Sorgfalt bei der Montage. Auffallend lange Muffen sind Aufforderungen zum Pfusch; in ihnen verbergen sich meist stumpf abgelängte Rohrenden. Sogenannte Rohrverstärkungen - eine Art Supermuffe am Sitzrohr - können sinnvoll sein. Bei Billigrädern aber Finger weg! Hier liegt der häßliche Verdacht nahe, daß sie vorhanden sein müssen, damit die Rohre nicht auseinanderfallen. Bei ungemufften Rahmen untersucht man, wie schon erwähnt, die Schweißnähte. Teure, gute Rahmen gibt es gemufft wie ungemufft in edler Optik und makelloser Verarbeitung.

Gabeln haben in zeitgemäßer Ausführung eine Stärke von 1 1/8 Zoll. Im Vergleich mit einer nur zollstarken Gabel kann man den geringen, aber wichtigen Unterschied schon mit bloßem Auge durch die bezeichnende Ausbauchung erkennen.

Ein aufschlußreiches Kriterium ist überraschenderweise der **Preis**. Stell dir ein Bike vor in guter Aufmachung und Lackierung und mit solider Teileausstattung, das weniger als DM 1.000 kostet. Hier kann man kaum einen erstklassigen Rahmen erwarten, denn der schlägt in der Herstellung zu hoch zu Buche. Bei den phantastischen Möglichkeiten, die ein gutes MTB bietet, würde ich deshalb lieber einige Monate länger das Sparschwein füttern. Hiermit soll aber nicht gesagt werden, daß es keine guten und preisgünstigen Bikes gäbe. Das Rocky II von Centurion ist so eines.

Das Preisniveau des gesamten Weltmarktes wird in verblüffendem Umfang durch ein kleines **Herstellungsland** in Fernost bestimmt: Taiwan. Auf diesem winzigen Flecken Erde, so meinen Fachleute, werden heute an die 90 % aller MTB-Rahmen produziert! Modellhaft kann man sich den Werdegang eines Velos so vorstellen: In den USA hat die Entwicklung ihren kreativen Ursprung. Ausgefeilte Technik im Detail liefert Japan. Die Herstellung übernimmt das „Billigland" Taiwan, wo ein kompletter Rahmen, fertig lakkiert und frei Haus nach Übersee geliefert, etwa genausoviel kostet wie hier die Lackierung alleine. Das perfekte Marketing betreiben wiederum die US-Amerikaner, womit sich der Kreis schließt. Man kann also davon ausgehen, daß die Mehrzahl der Off-Road-Räder im fernen Inselchina zusammengefügt wurden. Das ist Fernostpolitik: Centurion läßt den Rocky II in Taiwan bauen, den Explorer dagegen in Japan. Natürlich auch hier in unterschiedlich guter Weise. Entscheidend ist, daß die Taiwanesen durch die fortwährende erbarmungslose Preistreiberei noch schneller, noch einfacher produzieren müssen. Das drückt die Qualität. Manche europäischen oder amerikanischen Hersteller verschweigen schamhaft die asiatische Herkunft ihrer Rahmen. Einige lassen dort auch unter eigenem Label fabrizieren, so daß „Taiwan" außer in ihren Buchungsunterlagen gar nicht mehr auftaucht. Andere machen keinen Hehl daraus und verkünden es öffentlich auf dem Label. Was läßt sich daraus folgern? Keinesfalls kann man Taiwan-Produkte pauschal als minderwertig bezeichnen. Aber es ist klar, daß du bei den hier gefahrenen hohen Stückzahlen auch schon mal ein Mängelexemplar erwischen kannst. Das passiert natürlich auch bei anderen Herstellern. Eine wahrhaft unübersichtliche Situation! Jedenfalls sollte man beherzigen, daß sehr preisgünstige Räder eine vereinfachte Fertigung verraten und daß im allgemeinen versucht wird, diese Tatsache durch eine aufwendige Optik zu überspielen. Wohl dem, der beim Kauf einen kompetenten Händler die Vorauswahl treffen läßt.

Geometrie

Kurz und gedrungen muß das reinrassige MTB sein: Je kräftiger die Konstruktion, desto direkter die Umsetzung von der Pedale bis zum Hinterrad. Die Rahmenkonstruktion wird stark durch die 26"-Räder beeinflußt. Warum so kleine Räder? Mit ihrer dicken Bereifung sind sie eigentlich gar nicht mehr so klein; sie kommen schon in die Nähe des 28"-Rades. Andererseits sind kleine Räder im Gelände von Vorteil, weil sie beweglicher, direkter reagieren. Ein 28"-Rad mit mächtigen Stollenreifen wäre nie off-road-tauglich. Die dicken Räder brauchen viel Platz, um im Hinterbau und in der Gabel untergebracht zu werden. Hieraus ergibt sich ein verhältnismäßig langer Radstand mit langem Hinterbau und ausgeprägtem Nachlauf. Die Instabilität des Hinterbaus wird durch die typischen dicken Rahmenrohre aufgefangen. In Bezug auf die Höhe kommen neue Forderungen auf den Rahmenbauer zu. Niedrig muß das Oberrohr sein, um ausreichende Schrittfreiheit zu geben. Im Sinne einer hohen Bodenfreiheit (= besseren Geländegängigkeit) soll das Tretlager möglichst hoch (30 cm) über dem

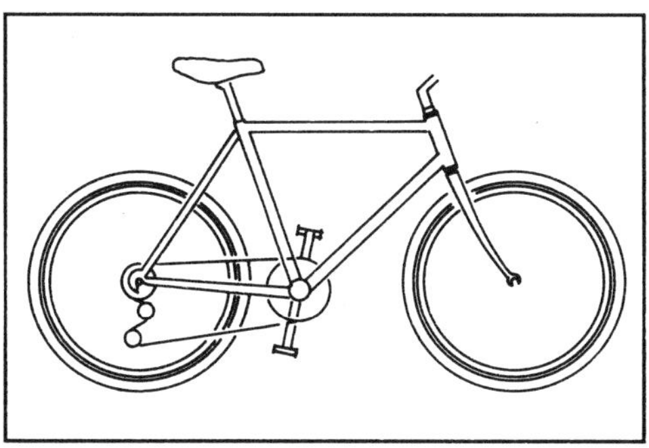

Abb.13 Langer Radstand

Boden liegen. Hieraus resultiert die niedrige Rahmenhöhe des MTB. Bei einem hart beanspruchten Rad ist man bestrebt, das Sitzrohr, welches vor allem stauchende Kräfte aufzufangen hat, möglichst steil zu stellen. Dadurch würde sich das Oberrohr verkürzen und stabiler werden, der Hinterbau jedoch länger und weicher. Vor allem würde der Fahrer dann viel zu weit vorne sitzen und das Hinterrad durchdrehen. Auch *Sprünge* und *Wheelies* sind bei dieser Schwerpunktlage nicht möglich.

Was tun? Verstellbare Sattelstütze und abfallendes Oberrohr eröffnen neue Möglichkeiten. Stellen wir uns ein MTB mit waagerechtem Oberrohr vor. Nun soll, bei gleichbleibendem Sitzrohr, das Oberrohr nach hinten abfallen. Effekt: Je steiler es nach unten zeigt, desto kürzer wird es,

Abb.14 Hohes Tretlager, abfallendes Oberrohr

ohne daß sich der Abstand zwischen zwischen Lenkerschaft und Sitzrohr (effektive Oberrohrlänge) verändert. Obendrein stellen wir fest, daß der Hinterbau hierbei kurz und kompakt bleibt. Die überlange, verstellbare Sattelstütze erlaubt es, die geländeangepaßte, effektive Arbeitsposition zu finden. Kommt dir bei einer Probefahrt der Rahmen insgesamt viel zu kurz vor, so kann die Lösung nicht in einem längeren Vorbau liegen! Damit würde sich das Gewicht in die falsche Richtung - nach vorn - verlagern.

Die eben entwickelte **Winkelstellung** ist charakteristisch für Wettkampfmodelle. In letzter Konsequenz führt diese Geometrie zum kleineren Hinterrad (24“). Dann ist die Traktion noch besser. Das Rad steht dichter unter dem Fahrer, kann auch näher an das Sitzrohr rücken und gewährt einen noch kürzeren Hinterbau. Buschradler, die mit dem

Abb.15 Hinten 24", vorne 26"

Leistungssport weniger im Sinn haben, können mit dem Zwerg-Hinterrad wenig anfangen. Schon 26" wirken im Vergleich zu den stolzen 28-Zöllern wie Schlaglochsucher und benötigen für die lange Meile schon einige Kurbelkadenzen mehr - da kann man 24" erst recht als Stoppelhopser bezeichnen.

Willst du dagegen deinen Stollenroller auch als Reiserad benutzen, ist ein weniger extremer Rahmenaufbau nötig. Die gedrungene, nach unten weisende Form mit weit oben liegendem Tretlager bringt sichere Schritthöhe und Schwerpunkt miteinander in Konflikt. Das gilt besonders für hohe Zuladung. Beim Geländerad verbietet sich die niedrige Aufhängung der Packtaschen *(Low Rider)*, was die Balance in der Kurve verschlechtert.

Betrachten wir nun einige Rahmendetails.

Ein **langes Steuerrohr** verbessert merklich die Gabelführung und erleichtert die Kontrolle über das Vorderrad. In verschärftem Terrain und vor allem bei Packtaschen am Vorderrad ungleich sicherer als ein kurzes Steuerrohr, das dafür den Hauptrahmenteil (Oberrohr, Unterrohr, Sitzrohr) mehr dem stabilen Dreieck annähert. Ein stabilisierendes Blechdreieck kann die Kürze des Steuerrohres kompensieren.

Abb.16 Rahmentrapez durch langes Steuerrohr

Noch mehr Steifheit heißt die Devise bei einigen experimentierfreudigen Herstellern. Davon künden fremdartig anmutende Winkel und Streben.

Abb.17 Rahmendreieck durch kurzes Steuerrohr

Das **Dreieck unter dem Sattel** ist ein Haltbarkeitsfaktor mehr. Zur sauberen Form gehört dann aber die Parallelführung von Sitzstreben und Unterrohr, wie es GT vormacht. Bei Velo Schauff, dem Deutschen, der stets für neue Ideen empfänglich ist, gab es dasselbe Prinzip, aber weniger konsequent ausgeführt. Einen negativen Einfluß habe ich allerdings nicht festgestellt.

Was hat das Fahrrad mit dem Huhn gemeinsam? Einen Knochen! Diese merkwürdig aussehende Knochengabel am Brustbein, auf Englisch *„Wishbone"* genannt, dient verschiedenen Herstellern als Vorbild für eine abgewandelte Sitzstreben-Konstruktion. Das **Wishbone** oder **Mono Stay** faßt die beiden schlanken Sitzstreben zu einem dicken Rohr zusammen. Ziel ist auch hier erhöhte Stabilität. Das

Abb.18 Kurzer Hinterbau durch Dreieck unter dem Sattel

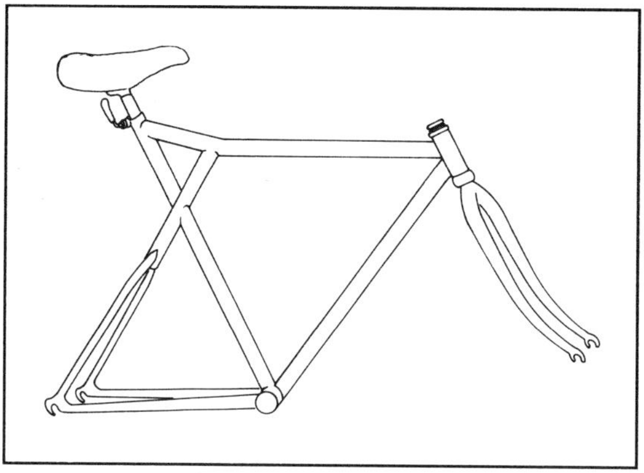

Abb.19 Anlen Extreme mit Mono Stay

Anlen „Extreme" ist ein echtes crazy horse, denn sein Rahmen besteht nur aus Verrücktheiten: am Steuerkopf treffen Ober- und Unterrohr spitz aufeinander, wobei nur noch ein rudimentäres Steuerrohr übrigbleibt. Das Oberrohr fällt nicht nach hinten, sondern nach vorne ab, hat vor dem Sattel einen Knick, begrüßt an dieser Stelle ein Wishbone Stay. Ein interessantes Experiment, das sich einer theoretischen Beurteilung völlig entzieht.

Rahmenbemaßung

Die exakte Rahmenhöhe spielt eine etwas geringere Rolle als bei anderen Fahrradtypen.

Faustregel:

- Rahmenhöhe MTB ist 5-7 cm niedriger als beim Rennrad
- Rahmenhöhe MTB = Schrittlänge minus 30 cm
- Im Zweifelsfall eher zu niedrig als zu hoch

Um in schwierigem Terrain, bei steilen Talfahrten oder beim gradlinigen Meilenfressen jeweils die richtige Position zu haben, spielt der schnell verstellbare Sattel eine größere Rolle als die ergonomisch perfekte Rahmenhöhe. Es zeigt sich, daß ein niedriges, kurzgebautes Rad sportlicher, aggressiver und wendiger zu fahren ist und unmittelbarer auf den Pedaldruck anspricht. Optimal wäre dennoch das zentimetergenau maßgeschneiderte MTB; eine Entscheidung, die wegen des hohen Preises nicht leicht fällt.

Sonderformen

Wie wollen wir's mit den **Damenrädern** halten? Horchen wir hin, was die emanzipierte Pedaleurin Frau A.Rother 1897 zu sagen hatte:

> „Ob die Touristin Damenmaschine oder Herrenmaschine fahren soll, richtet sich natürlich danach, ob sie sich zur Hose entschliessen kann oder nicht, und das ist ja reine Geschmackssache. Eine Touristin in Hose auf Damenmaschine bietet jedenfalls einen sonderbaren Anblick. Denn man fährt doch die häßliche und unpraktische Damenmaschine aus dem einzigen Grunde, weil sie eben das Fahren im Rocke gestattet" *(Der Radfahrsport in Bild und Wort, 1897)*. Alles klar?

Abb.20 Kettler Damenrad

Ein zweites Beispiel für Konstruktionen ohne größere Bedeutung sind **Mountain Tandems**. Ich finde, ziemlich alles spricht gegen Geländefahrten mit solchen Geräten. Man muß sich nur vorstellen, mit dem extralangen, doppelt belasteten Geraffel zu Tal zu poltern - nee danke!

Verschiedene Hersteller führen **Mountain Bikes** für **Kinder**. Ein lobenswerter, aber auch problematischer Ansatz. Die Ausstattung ist meist unzureichend, um die Kosten nicht allzusehr in die Höhe zu treiben - Kinderräder haben nun einmal einen zeitlich begrenzten Nutzwert. Trotzdem sind die kleinen Mountain Bikes verhältnismäßig teuer. Sinnvoller ist meines Erachtens ein gutes Kinderrad im Tourenradstil oder ein BMX-Rad für den vollkommenen Geländespaß.

Die ganz langen Radler brauchen **Sondergrößen**. MTBs mit mehr als 60 cm Rahmenhöhe müssen speziell angefertigt werden - ein teurer Spaß. Der Rahmenbauer Bob Jackson wagt sich bis 66 cm, in Ausnahmefällen noch darüber, zu einem zivilen Preis von ca. DM 1.000.- für den Rahmen mit Anlötteilen. Kontakt: Radsport von Hacht, Breitenfelder Str.9, 2 Hamburg 20. Doug Bradbury widmet sich den Menschen über 190 cm durch Verwendung von Alurohren mit Vierkantprofil und einer Dreiecksverstärkung am Gabelschaft. Dadurch kommt er bis auf 63 cm. *Kontakt:* Rudi mach'ma, Lerchenstraße 15-17, 4300 Essen.

Vorbau und Lenker

Bei der Beurteilung des Vorbaus gehe ich nach drei Punkten vor: Optik, Sicherheit, Bemaßung. Die Haltbarkeit ist sowohl bei geschmiedetem Dural als auch bei Stahl gegeben.

Gutes Aussehen kontra Stabilität?

21 Zweifinger-Vorbau (Sakae)

22 Dreieck-Vorbau (Ritchey)

Der massive, oft klobig wirkende **Doppelarm-Vorbau** ruft einen Eindruck von bulliger Unverwüstlichkeit hervor - und er hält, was er verspricht. Nur kommt er aus der Mode. Der ohnehin nicht eleganten Optik des Geländerades steht es besser, wenn die nötigen Komponenten leicht wirken.

23 Einfingervorbau mit zwei Inbusschrauben

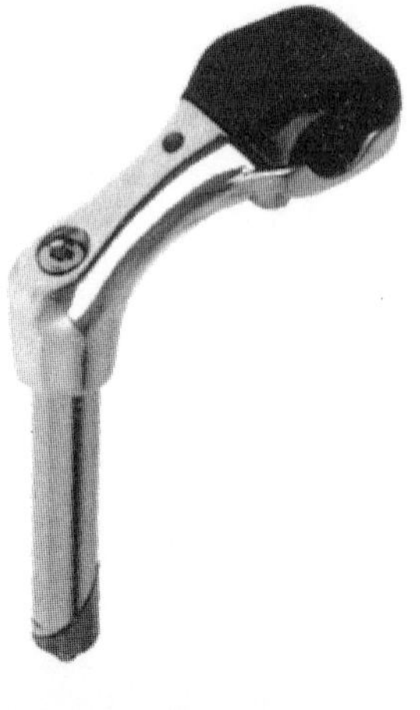

Die Zweifingerform sieht man entweder als reinen Vorbau oder als Kombination Vorbau-Lenker. Die abgerundete Zwille von SR Sakae, z.B. bei Velo Schauff montiert, vermittelt ein wenig Fünfziger-Jahre-Charme. Am besten paßt dazu ein Lenker, der an den beiden Umschließungsflächen geriffelt ist. Nüchterner ist die starre Dreiecks-Kombination von Italmanubri, wahlweise in Stahl oder Cromoly erhältlich. Wenn dir der Lenker und die Vorbaulänge zusagen, findest du hier ein Höchstmaß an Stabilität.

Klobig wie eine Boxerfaust wirkt der fest zupackende **eckige Einfinger-Vorbau** mit zwei bis vier Inbusschrauben. Meist ist das Aluminiumteil mit einem Stahlschaft verbunden.

Abb.24 Einfingervorbau mit einer Inbusschraube

Am elegantesten kommt der **schmale Einfinger-Vorbau mit runder Manschette** daher, in der Regel mit einer oder zwei Inbusschrauben. Bei diesem Typus hat es in der Vergangenheit allerdings auch am meisten Bruch gegeben.

Die **Klemmung** im Steuerkopf-Rohr erfolgt bei allen Modellen durch den verschiebbaren Keil; der Klemmkonus kommt für unseren Fahrradtyp nicht in Frage.

Auffallend sind die in den Vorbau integrierten Extras. Sinnvoll ist ein eingearbeitetes **Bremswiderlager**. Eine zusätzliche Stellschraube ist dann überflüssig, wenn der Bremsgriff selbst mit einer Justiermutter versehen ist. Die dem Widerlager nachgeschaltete **Rollenführung** dagegen erfüllt den Zweck, den Kabelzug reibungsarm zu führen. Eine auffallende Konstruktion ist der **Salsa-Vorbau mit innenverlegtem Bremskabel**. Zwar ragt der Schaft auffallend - und vielleicht etwas gefahrenträchtig - in die Höhe, aber stoßen kann man sich im Zweifelsfall überall ...

Abb.25 Salsa-Vorbau

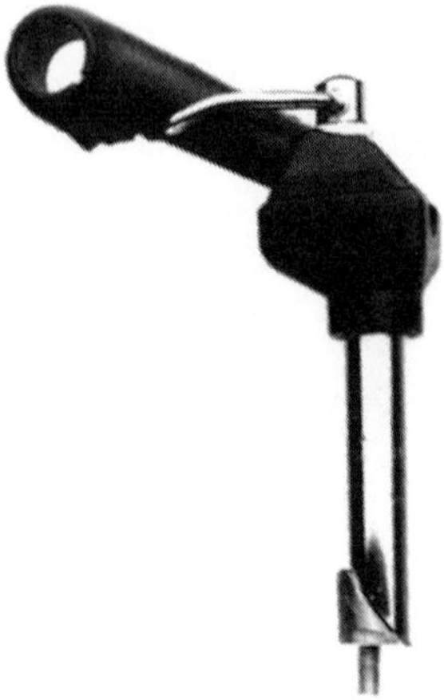

Abb.26
Vorbau mit Schnellspanner (ITM)

Schließlich findet man ab und zu eine Einrichtung vor, die ein wahrer Liebling des Mountain Bikers geworden ist: **Schnellspanner** zum geländegerechten Justieren der Lenkerneigung und Vorbaulänge. Für wenige Spezialisten mag der Hebel eine Daseinsberechtigung haben; als Gag ist er überflüssig. Die konventionelle Verschraubung ist sicherer und fügt sich harmonischer ins Bild.

Die richtigen **Abmessungen** sind von großer Bedeutung. Der Schaftdurchmesser (in der Regel 21 oder 22 mm) muß exakt zum Steuerkopfrohr passen. Aber auch der Lenker muß so auf den Vorbau abgestimmt sein, daß die Klemmung bei festangezogenen Schrauben noch etwas Luft hat. Deshalb ist es am gescheitesten, prinzipiell Lenker und Vorbau desselben Herstellers zu kombinieren.

Bei der frechen Lackpracht der Off-Road-Fetzer bleibt zum Glück auch der Vorbau nicht von **Farbe** verschont. Wer dem matten Silberton oder noblen Schwarz nichts mehr abgewinnen kann, darf sich z.B. an einer Cinelli-Creation mit lila Lenker / Vorbau, knallgelben Bowdenzügen und grauen Schalthebeln delektieren.

Nur am Rande noch eine Bemerkung zum **Steuersatz**. Das beste, dichteste, langlebigste Lager soll das Master Cr von Tange sein. Die „Features“: Wälzlager, Schalen aus Stahl und Aufsatz aus Alu in Campa-Norm, satte Gummidichtung. Wer Spaß am Tuning hat, sollte es auf den Wunschzettel setzen.

Abb.27
Gedichteter Tange-Steuersatz

Abb.28 Ermüdend: der gerade MTB-Lenker

Lenker

Die hervorragende Hebelkraft, mit der sich das Vorderrad auch auf den gemeinsten Holperhängen dirigieren läßt, ist durch die auffallende Überbreite des Lenkbügels begründet. Wo immer harte Geländefahrten vorgesehen sind, ist dieses Teil deshalb durch keinen schmaleren Lenker zu ersetzen. Leider bekommt man nach kurzer Fahrt auch seine Nachteile zu spüren. Die gerade Lenkstange läßt nur eine Griffposition zu. Spätestens jetzt gewinnt man den Rennlenker lieb, den man auf so vielfältige Weise in die Hand nehmen kann und dessen Breite so angenehm der menschlichen Anatomie entspricht. Auf langen Touren und besonders im Wiegetritt wird der MTB-Bügel zur Last, denn hier muß sich der ganze Körper verbiegen, ohne daß sich die Handposition verändern kann. Lange Bergaufstrekken werden zur Tortur. Bei einem solchen Einsatz ist das Cross-Rennrad dem MTB klar überlegen. G. Sattler zog bei der Reiseversion seines „Technobull"-Rades die Konsequenz und kombinierte den Geländelenker mit einem Randonneur-Bügel. Eine interessante, aber gewichtige und unglücklich aussehende Konstruktion. MTB-Reisende müssen leiden oder eine Notgemeinschaft mit dem Rennbügel-Anbauset eingehen. Er wird vom Fahrradversand bicycle vertrieben und besteht aus zwei Lenkerhalterungen

Abb.29 Rennbügel-Anbauset

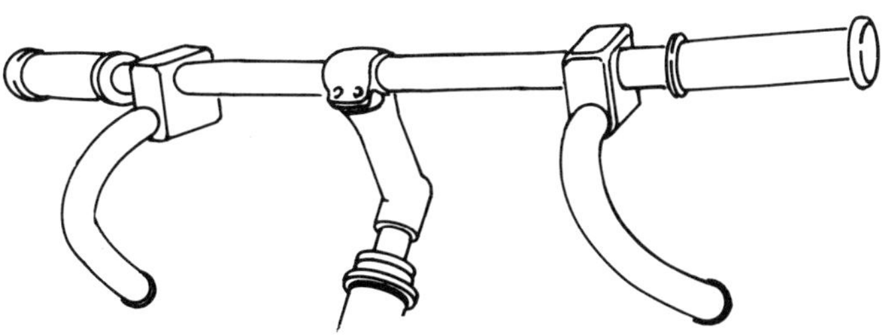

und zwei Griffbögen. Ansonsten müssen wir wohl oder übel mit der breiten Griffstange auskommen, die mit Sorgfalt ausgesucht werden sollte. Schon leichte Abwandlungen in der horizontalen oder vertikalen Winkelstellung, in Breite und Stärke des Bügels können sich wohltuend auf das Griffgefühl auswirken.

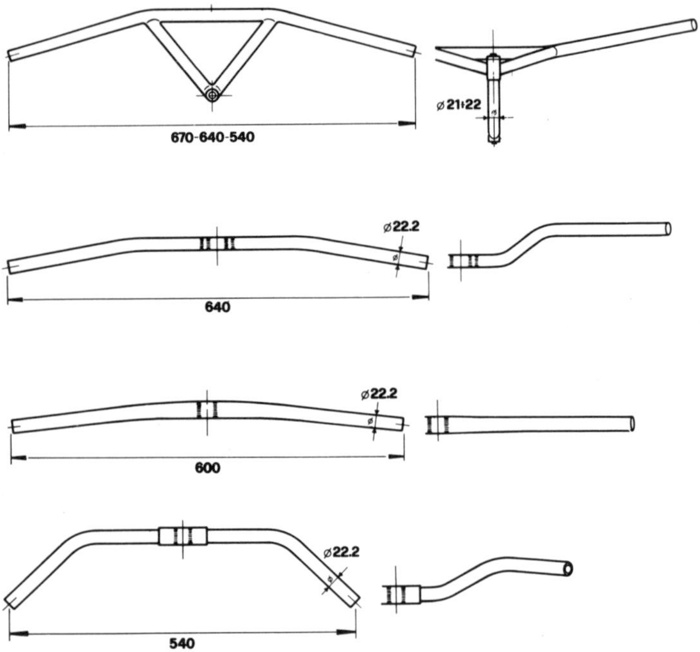

30 Lenkerauswahl bei Italmanubri:

1 Stahl mit Dreieckvorbau

2 Chromoly Typ „Racer“

3 Stahl-„Bow“ verzinkt u. lackiert

4 Alu anodisiert Typ „Touring“

Italmanubri (ITM) kommt mit einem breiten Angebot an Bügeln, die den Sport-, Reise-, Vielzweck- und Mountainbereich zufriedenstellend abdecken. Auch Tioga führt ein gutes Lenkerprogramm, z.B. den „Prestige“ aus dreifach konifiziertem Tange-Rohr, 560 mm breit, flach, 6o gebogen, 250 g, in Chrom oder Schwarz.

Wer sich konsequent ein City Bike oder ein Reise-ATB aufbauen will, bei dem schweres Gelände überhaupt nicht im Programm steht, ist mit einem Rennbügel besser bedient.

Welche Griffe eignen sich dafür am besten? Weiche schwarze Gummipatscher fühlen sich beim ersten Griff noch gut an. Im scharfen Antritt, bei dem die Arme am Lenker reißen, sind sie nicht griffest genug. Beim ersten Regenguß schließlich werden sie schwammig wie eine Kanzlerrede. Fazit: Komfortabel müssen sie sein, aber geschlossenporig und fest genug für eine ehrlich zupackende Radlerhand. Hierunter fallen verschiedene Gummigriffe mit glatter Oberfläche, profilierte und anatomisch geformte Anfasser sowie diverse Kunststoffgriffe, unter denen ich bisher noch keinen guten ausfindig gemacht habe. Ein Problem haben die Hersteller leider noch gar nicht im Griff (bzw. jawohl, es befindet sich in demselben!): Die schwarzen Gummis färben ganz eklig, sowie sie mit Handschweiß in Berührung kommen.

Grifftest:
Lenkergriff fest anpacken und versuchen, wie einen Motorrad-Gasgriff zu drehen. Wenn das möglich ist, hat der Griff nicht genug Festigkeit.

Auswahl des Lenkers

1. Die **gerade Lenkstange** ist selten zu sehen und, wie sich denken läßt, schwer mit der menschlichen Anatomie in Einklang zu bringen.

2. Der **Racer** ist ein flacher, im Griffbereich abgewinkelter Bügel.

3. Der **Bow** weist eine gleichmäßige Krümmung auf.

4. Der **Bügel mit Dreieckvorbau** (nur Stahl) ist nicht in der Querachse drehbar.

5. **Tourenlenker**, relativ bequem, aber weniger stabil, sind für den Wettkampf nicht zugelassen. Anders als die flachen Lenker sind sie nicht nur nach hinten, sondern auch nach oben gebogen.

6. **Rennbügel-Hörnchen** (Ahörnchen und Behörnchen) sind die Kompromißlösung für AT-Tourer. Aber: Die massiven Lenkermanschetten können das Schalten behindern.

7. Bügel für den **Touring- oder Triathlonsport** werden bevorzugt, wenn das Gelände nicht allzu schwierig ist.

Einstellen des Lenkers

Vor der Probefahrt werden zunächst alle Schrauben gelöst, die die Schalt- und Bremsgriffe am Lenker, den Lenker im Vorbau und den Vorbau im Steuerrohr halten. Dreh sie jedoch nur so weit los, daß die Teile sich gerade eben bewegen lassen.

1. Beim **Rotieren der Lenkstange** nach oben und unten kannst du leicht feststellen, daß deine Schultern, Ellenbogen und Handgelenke unterschiedlich ansprechen. Dreh den Bügel in die bequemste Position. Von vorn gesehen sollten die Lenker-Enden leicht nach unten oder höchstens parallel zum Boden stehen.

2. Als nächstes wird die **Lenkerhöhe** korrigiert. Hierbei aber nicht den Sattel außer acht lassen. Beim Herausfinden der optimalen Position solltest du dir Zeit lassen; man muß manchmal ganz schön tüfteln. Ein richtiger MTB-Vorbau muß genug Spielraum in der Lenkerhöhe bieten. Bei Schulter- oder Nackenschmerzen kann man durch Höhenverstellung am ehesten Anhilfe schaffen.

3. Die **Bremsgriffe** sind dann am besten zu erreichen und zu bedienen, wenn sie in einem Winkel von ca. 45° zum Boden stehen. Sie rücken so weit wie möglich zu den Lenkerenden hin; bei ganz angezogenen Griffen dürfen diese aber nicht über den Lenker hinausragen. Die **Schalthebel** werden dicht an die Bremshebel herangerückt und so fixiert, daß sie ohne Verrenkungen mit Daumen und Zeigefinger bewegt werden können.

4. Stimmt die **Lenkerbreite**? Dies läßt sich nur bei der Probefahrt unter möglichst wechselnden Bedingungen herausfinden. Wenn der Lenker ansonsten perfekt paßt, kann man ihn an den Seiten absägen oder auch verlängern (allerdings nicht mehr als 2-3 cm pro Seite). Dazu wird ein stramm passendes Holzstück, z.B. ein zurechtgefeilter Besenstiel, in die Rohrenden geschlagen und entsprechende Verlängerungsstücke werden daraufgetrieben. Kleine Senkkopfschrauben in beiden Teilen reichen aus, um alle Wackelgefahren zu bannen. Ist der Lenker zu schmal, läßt sich das Bike schlecht unter Kontrolle halten. Zu breite Bügel drücken die Schulterblätter zusammen.

Kommt trotz sorgfältigem Einstellen ein klammes Gefühl in den Handgelenken oder in der Schulterpartie auf, stimmt entweder die Sitzposition nicht oder es muß ein anderer Lenker her.

Sattel

Das „Fahrrad fürs Grobe“ verlangt nach einem anständigen Sattel. Mit seiner Form lehnt er sich in den meisten Fällen an den Rennsattel an. Der „Geierschnabel“ dient der sicheren Führung durch die Oberschenkel, ohne dabei zu scheuern. Gleichzeitig soll man auf der langen, schmalen Sitzgelegenheit auch nach vorn oder hinten rutschen können, um eine andere Position einzunehmen. Im Gegensatz zum Rennsattel finden wir am Geländesattel einen leicht gepolsterten Sitz oder eine minimale Federung vor, die irgendwo zwischen dem Geschaukel eines Tourenrades und der spartanischen Härte des Renners liegt. Meist handelt es sich um eine senkrecht stehende, gelegentlich um eine waagerecht angebrachte Spiralfeder (Cinelli OR). Wo keine Federung den Sitz versüßt, muß deshalb nicht weniger Bequemlichkeit sein, wenn die Polsterung der Sitzfläche stimmt.

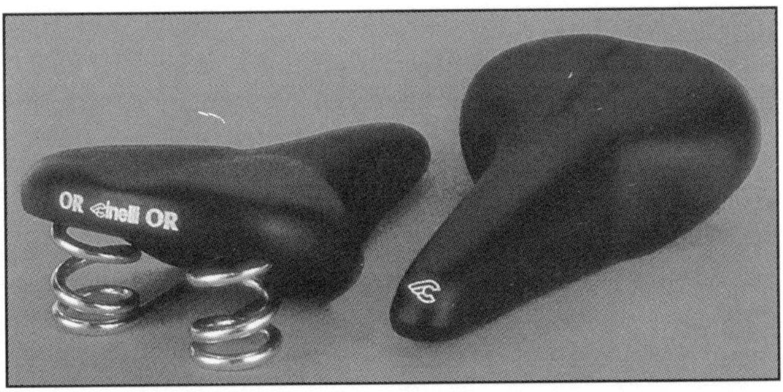

Abb.31 Cinelli Off-Road Anatomic

Wie prüft man den Sattel bzw. wie sucht man den passenden aus? Mit dem Hintern natürlich. Aber vorher die alte Regel nicht vergessen: **Ansehen - Anfassen - Ausprobieren**. Läßt sich die Oberfläche mit dem Finger eindrücken? Gut! Sonst wird's hart; die Dose Penatencreme für die Wundstellen sollte schon bereitliegen. Aber *wie* elastisch das Sitzpolster sein muß, ohne dabei zu sehr nachzugeben, läßt sich nicht mit dürren Worten beschreiben. Ein ungewohntes Sitzgefühl zwischen Festigkeit und Nachgiebigkeit fand ich bei dem neuartigen Avocet. Dort ist das Sitzpolster mit einem zähen Gel gefüllt und paßt sich auf angenehmste Weise der Anatomie an, auch bei wechselnder Sitzhaltung. Wo sich das Material schon bei der Daumenprobe steinhart anfühlt, brauchst du gar nicht erst aufzusitzen. Vom Fahrradhändler muß man ohnehin erwarten dürfen, daß er bestimmte Ausstattungsdetails auf Wunsch des Kunden abändert. Sättel bauen auf einem unverwüstlichen Sattelkörper aus Nylon (besser: Rilsan) auf, darüber kommt die Polyurethan-Polsterschicht, anschließend der Bezug aus geschmeidigem Leder oder Synthetik. Sättel mit Kunststoffdecke (Kunstleder, Kunstfaser etc.) bieten sich an für Farbspielereien, wie sie gerade zum MTB gut passen: Dschungelfarben bei Selle San Marco, rotes und gelbes Rasterdesign bei Selle Italia ... Wem das zu wenig nobel oder zu plastikmäßig ist, der pflanzt sich auf Kalbs- oder Wildledersättel, die in der Tat auch einem verwöhnten Gesäß schmeicheln.

Von der Idee des **anatomischen Sattels** haben wohl eine Menge MTB-Hersteller gehört. Doch nicht alles, was zwei Schwellungen auf dem Polster hat, verdient diesen Namen. Ursprünglich brachte man die körpergerechte Form mit speziellen Damensätteln in Verbindung - die Ladies sitzen besonders unbequem auf Herrensätteln, und ein gestandenes Mannsbild wird ja wohl die Zähne zusammenbeißen können, oder?? Die Zeiten haben sich zum Glück geändert. Selle San Marco stellt dem äußerst männlich geformten Mountain Pro ein weibliches Pendant (Mountain Pro Anatomic) gegenüber, dazu den ebenfalls femininen (d.h. mit Sitzrinne), jedoch konkav geformten Roccia. Während der Herrensattel streng und unbequem ist und wenig Sitzvariation duldet, sind die beiden anderen hervorragend - auch für Männer. Überhaupt bringen die Italiener eine ungeheure Variationsbreite in diesem Bereich. Die bunten Uni Bio und Uni Regular von Selle Italia besetze ich weit lieber

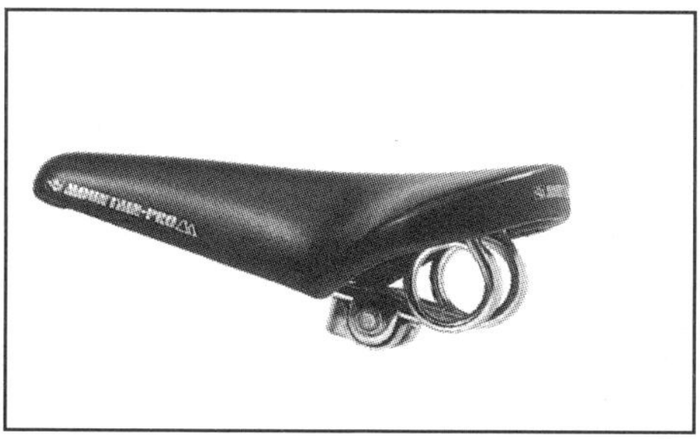

Abb.32 Mountain-Pro männlich...

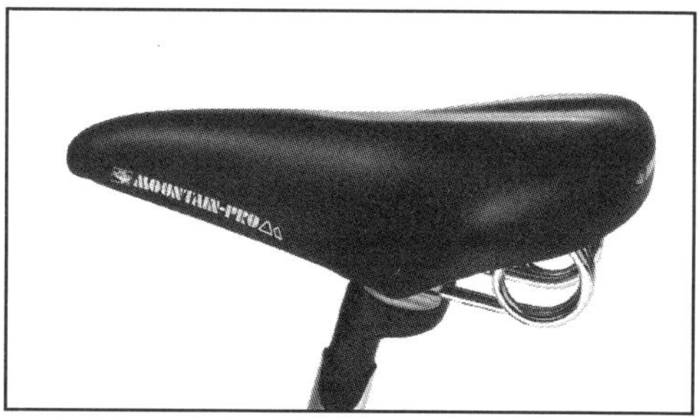

Abb.33 ...und weiblich-anatomisch (Selle San Marco)

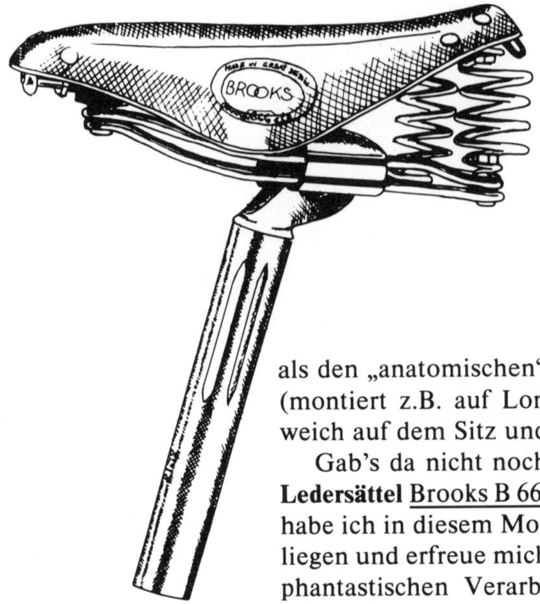

Abb.34 Brooks 66 mit Adapter

als den „anatomischen" MTB-Sitz aus dem selben Hause (montiert z.B. auf Longus). Sie sind hart am Schnabel, weich auf dem Sitz und witzig anzusehen.

Gab's da nicht noch eine Alternative? Klar, die edlen **Ledersättel** Brooks B 66 oder Ideale. Den zuerst erwähnten habe ich in diesem Moment vor mir auf dem Schreibtisch liegen und erfreue mich am Geruch des Leders und an der phantastischen Verarbeitung. *Aber*: ohne Schutzbleche kein Ledersattel! So schnell kann man gar nicht gegenanfetten, wie Nässe und Dreck das Sitzleder verunzieren und verhärten. Greift man dann zum Lederöl, wird das Material kraftlos und verliert die Spannung. Diese Produkte wollen gepflegt und eingesessen werden. Ein weiteres Hindernis ist das Doppeldraht-Gestell, auf das die normale Patentsattelstütze nicht vorbereitet ist. Die Klemmung allein des unteren Drahtes ist keine korrekte Lösung; Adapter sind schwer zu bekommen. Wenn dein Händler meint, so ein Teil gäbe es nicht, weise ihn auf den Großhandel Grofa hin - da soll er's bestellen. Aufpassen beim Festziehen: Die Dinger sind aus Plastik und gehen leicht kaputt. Am besten, man feilt sie vorher auf optimale Passung zurecht. Verwendet man die althergebrachte Sattelstütze mit Sattelkloben, muß auf die horizontale Schnelleinstellung verzichtet werden.

Verstellbarkeit

Die Einstellung des Sattels ist im wahrsten Sinne des Wortes im Handumdrehen möglich. Voraussetzung ist die **besonders lange Patentsattelstütze** aus dickwandigem Leichtmetall und der charakteristische **Schnellspanner** am

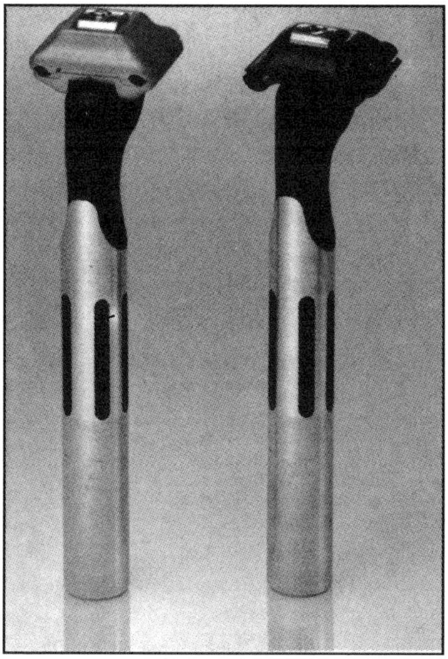

Abb.35 Patent-Sattelstützen (Selle San Marco)

Sitzrohr. Besonders einfach ist die horizontale Justage, wenn auch dort die Inbusschraube durch einen zweiten Schnellspanner ersetzt wird. Dafür muß man allerdings mehr Gewicht in Kauf nehmen und sollte daher kritisch prüfen, wie oft diese Zusatzeinrichtung wirklich benötigt wird. Laß dich nicht von der Optik blenden - das ist ohnehin eine Masche, mit der viele Produzenten auf Kundenfang gehen. Da der Sitz aber gerade abseits des Straßenpflasters oft weit nach hinten verlegt wird, kann diese Sattelstütze sich schnell nützlich machen. Bei einfachen Ausführungen

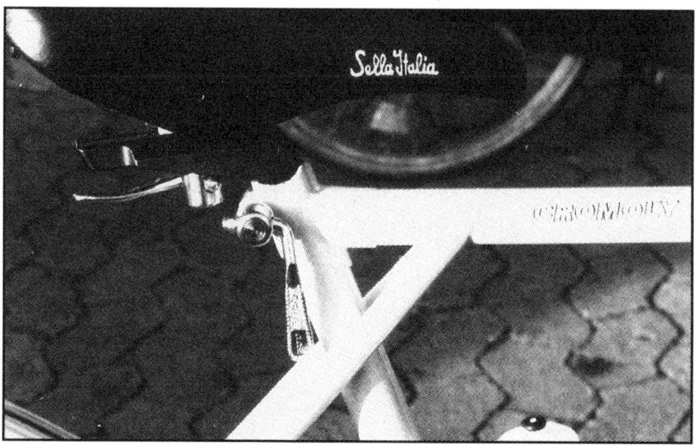

Abb.36 Zwei Schnellspanner zur Satteljustierung

der „*Quick-Release*"-Hebel fällt unangenehm auf, daß sie in entspanntem Zustand „herunterfallen". Der gelockerte Hebel hängt dann nach unten und muß beim Spannen wieder in die gewünschte Position gedreht werden. Dabei geht der Blitzschnell-Vorteil verloren. Bei guten Fabrikaten (z.B. Shimano) sorgt eine zusätzliche Feder dafür, daß die Stellung auch in gelöstem Zustand beibehalten wird. Ein pfiffiges Teil für Cross-Freaks ist die Hi-Rite **Sattelverstellfeder**. Zur Zeit noch schwer zu bekommen und viel zu teuer (um 30 Mark), aber das wird sich bald ändern. Die Schenkel der Spiralfeder sind an der Sattelkerze und am Sitzrohr befestigt. Löst man den Schnellspanner während der Fahrt, kann man den Sattel mit dem Hintern herunterdrücken. Gehts wieder auf die Straße, öffnet man den Spannhebel, lupft den Achtersteven an - und die Feder schiebt den Sattel wieder aufwärts.

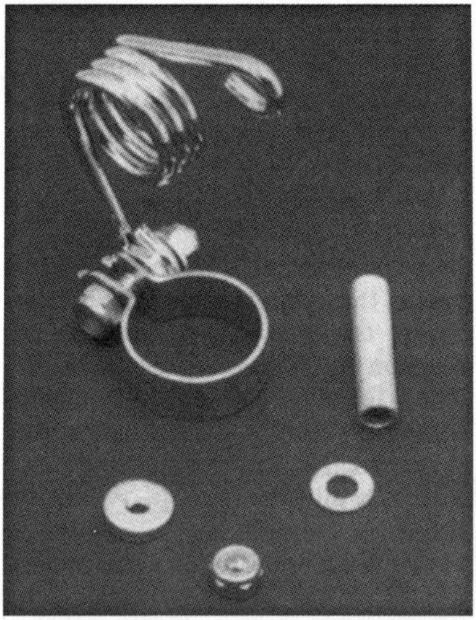

Abb.37 Hi-Rite-Sattelfeder

Wenn du eine Patentsattelstütze mit Horizontalverschiebung benutzt, kann sich beim Lösen des Spannhebels auch leicht die Neigung verstellen. Willst du das verhindern - und steht die optimale Sattelneigung für dich fest - greif zum Zweikomponenten-Kleber. Damit kannst du diejenigen Teile der Sattelklemmung, die mit ihren Querrillen den Neigungswinkel definieren, fixieren (ein Tip des bekannten Schraubers Hans-Christian Smolik, den ich in

„*tour*" fand). Sollte es dir beim Einstellen des Sattels nicht gelingen, die Nase in die Höhe zu bringen, wenn also der Sitz zu sehr nach unten zeigt, nimm die Sattelhalterung einmal auseinander und befestige sie um 180° verdreht auf der Sattelstütze. Besser? Die Spannvorrichtung soll von Zeit zu Zeit mit einem Tropfen Öl bedacht werden. Auch die Alu-Sattelstütze braucht gelegentlich einen dicken Klacks Fett, damit sie sich nicht im stählernen Sitzrohr festsetzt. Beim häufigen Verschieben besteht die Gefahr, daß Schlammspritzer fleißig ihre Schmirgeltätigkeit ausüben. Batavus schafft Abhilfe durch eine elastische Manschette.

Satteltest

1. Daumenprobe
2. Auf dem Sitzkarussel, das bei engagierten Fahrradhändlern zur Ladeneinrichtung gehört, ist eine vergleichende Sitzprobe möglich
3. Der aufs Fahrrad montierte Sattel wird gelöst und weitestmöglich nach vorn und hinten verschoben. Hierbei wird die Sattelneigung geprüft. Wenn die Sattelspitze notorisch nach unten zeigt und nicht in die Waagerechte zu bringen ist (hängt auch vom Sitzrohrwinkel ab), muß eine andere Sattelstütze bzw. ein anderer Sattel her. Die ideale Sitzlinie ist waagerecht oder etwas mit der Nase nach oben
4. Schnellspanner mit „fester" Position?
5. Vertikalen Verstellbereich austesten - Maximalhöhe markiert?
6. Probefahrt mit wechselnden Sattelpositionen

Antrieb: Kettenräder und Pedale

Mit dem **Tretlager** brauchen wir uns nicht lange aufzuhalten. Eine perfekte Abdichtung ist die wichtigste Forderung für das Teil, das mehr als alle anderen Lager den feindlichen Elementen ausgesetzt ist. Die marktüblichen gedichteten oder gekapselten Innenlager sind bekannt. Bei Taiwan-Rädern der Billigklasse kann es Ärger geben: kein Planfräsen, schiefe Lager, steinhart eingestellt, voller Späne und Lackreste. Für dortigen Stundenlohn in Ordnung, aber nicht für hiesige Endverbraucherpreise. Gleich raus damit und ein FAG-Lager reinkloppen.

Abb.38 Shimano Biopace I

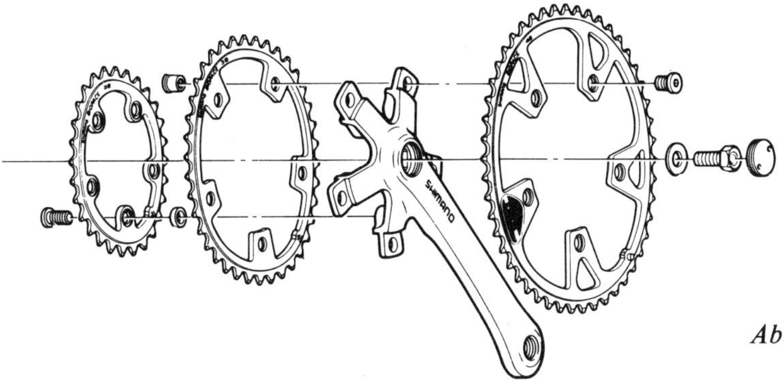

Abb.39a Biopace II mit...

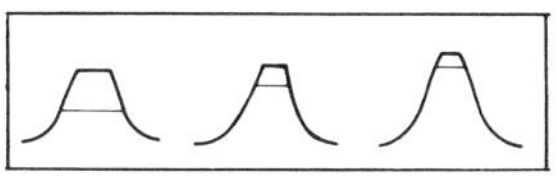

Abb.39b... drei verschiedenen Zahnprofilen,

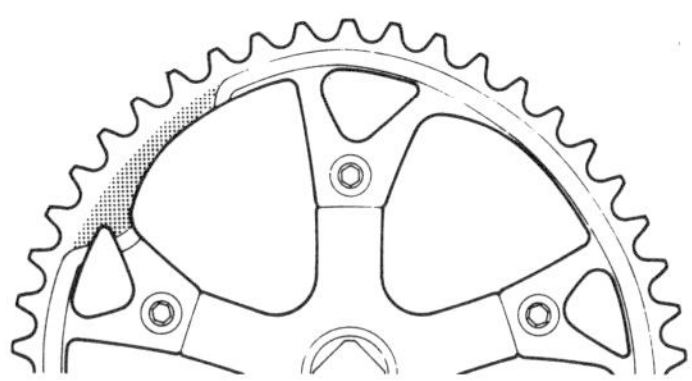

Abb.39c... Plateaus und

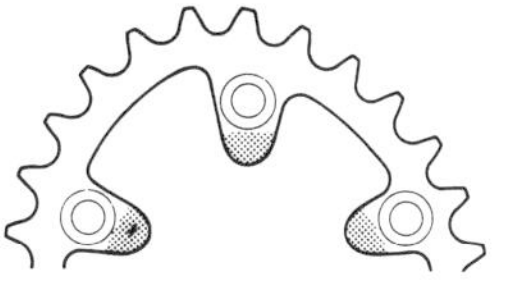

Abb.39d... Vorsprüngen am kleinsten Kettenrad

Ovale Dreifach-Kettenräder

Seit Shimano mit der Bio Pace-Garnitur auf der Bildfläche erschien, sind ovale Zahnkränze straßenfähig geworden. Die früheren Versuche, das Ei des Kolumbus am Tretlager zu realisieren, scheiterten am falschen Design, durch das sich der Rahmen im schnellen Tritt aufschaukelte, bzw. durch die Unvereinbarkeit mit einem Kettenwerfer. Die mit Computerhilfe entwickelten Shimanovale arbeiten in dieser Hinsicht problemlos und haben frischen Wind in die Entwicklungsabteilungen gebracht. Zuerst haben die Erfinder sich selbst überholt, indem sie das Bio-Pace II einführten. Drei verschiedene Zahnprofile sorgen für glatteres Schalten. Ausfräsungen an der Innenseite der Kettenblätter *(„Plateaus")* erfüllen denselben Zweck und verhindern Kettenklemmer. Vorsprünge am kleinsten Kranz sollen das Auflegen einer nach innen abgelaufenen Kette erleichtern.

Wer die Bike-Schmieden kennt, weiß, daß ein erfolgreiches System sofort zum Wegbereiter für andere wird. Die Konkurrenten hockten bereits in den Startlöchern und liefern Vergleichbares. Bei Sun Tour finden sich außen ein rundes, in der Mitte und innen ovale Kettenräder, nobel gestylt in mattem Aluglanz und dunklem Grau. Oval Tech heißt die gedellte Alternative von Sakae. Auch Stronglight zeigt die Zähne. Sein nicht ganz so formschönes Modell kann natürlich gar nicht anders heißen als Bio-Strong 400 CX, Dreifachkettenrad aus Alu. Diese Garnitur ist nicht nur vom Namen her am Vorreiter Shimano orientiert. Auch die Formgebung und Auslegung der Zahnkränze ist so ähnlich, daß sie mit dem Vorbild austauschbar sind. Stronglight's Marketingkonzept zielt klar auf Leute, denen das anderthalb mal so teure Bio-Pace zuviel kostet.

Suginos Cycloid, wahlweise in Stahl oder Alu, kommt in strenger, durchaus ansprechender Funktionalität und mit einem guten Angebot an verschieden großen Kettenrädern. Den Set mit außen rundem, Mitte und innen ovalen Rädern hat man aber eher für Touring konzipiert, der AT-Bereich ist durch eine feine Dreier-Rundgarnitur abgedeckt.

Auch der Franzmann Nervar hat wieder gezahnt. Sein schwarz-weiß lackiertes Biorhythm klingt zwar eher nach alternativer Lebensweise als nach Technik, ist aber in Form und Funktion an die „großen Brüder“ angelehnt. Dieser Ovaltrieb ist das einfachste, anspruchsloseste Stück seiner Klasse.

Abb.40 SunTour: einmal rund, zweimal oval

Was taugen Oval-Garnituren im Gelände?

Als ich zum erstenmal mit Bio-Pace über Asphalt kurbelte - montiert am Koga-Randonneur - war ich von dem beschwingten neuen Fahrgefühl hell begeistert (und bin es auch heute noch). Unter dem Pflaster, ja da liegt der Strand. Und genau da habe ich diese Erfahrungen nicht machen können. Obwohl die Vorzüge anatomisch und physikalisch begründbar sind, bleibt die Beurteilung unter häufig wechselnden Geländebedingungen wohl eher subjektiv. Aus Gesprächen mit vielen Benutzern zeichnet sich gar eine Tendenz ab, zum runden Zahnkranz zurückzukehren. Argumente:

Ovaltechnik wäre ungünstig auf dem kleinstem Rad, weil die Kraftentfaltung hier schlecht dosierbar sei. Der eiernde Tritt würde das Gefühl vermitteln, den runden Tritt einfach nicht hinzukriegen. Es sei schwer, bei Last auf das kleinste Kettenrad zu schalten ... In einem Testbericht las ich den lapidaren Kommentar, das ovale Rad würde nicht stören. Vielleicht ist diese Äußerung am treffendsten. Die Technik ist, dank Shimano, ausgereift. Auf der Straße bzw. bei schneller Fahrt bietet sie bemerkenswerten Komfort, im Gelände ist der Nutzen umstritten, bringt wenigstens keine dramatischen Veränderungen. Einer billigen Eier-Zähnung würde ich eine gute Rundgarnitur immer vorziehen. Ein letzter Aspekt zu diesem Thema ist die Arbeit des Kettenwerfers. Seine Kapazität reduziert sich auf oval geformten Kettenrädern i.d.R. um zwei Zähne, dieselbe Anzahl ist auf den Minimalunterschied zwischen zwei Kettenrädern aufzuschlagen.

Ovale Kettenräder:	
Shimano Biopace II	26,28 / 36,38,44 / 46,48,50
Sun Tour XCD 6000	28 / 38 / 48 (außen rund)
Sakae Oval Tech	
Stronglight Bio-Strong	28 / 38 / 48
Sugino Cycloid 21(Alu)	28 / 38,40,42 / 48,52
Nervar Biorythm	28 / 38 / 48

Pedalo Animalo

Mounties sind einfach tierisch: Da brüllen *„Berglöwen"* und *„Cheetahs"* einher, an der Hinterstrebe droht die *„Haiflosse"*, der Rahmen prunkt mit dem oben beschriebenen *„Hühnerknochen"*, am Sattel zwickt der *„Geierschnabel"* und

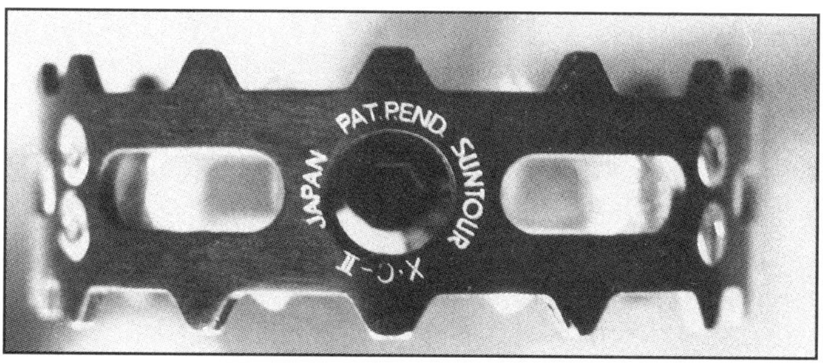

Abb.41 Die Bärentatze von SunTour

die Pedale kommen als *„Bärentatzen"* daher. Eines Tages werde ich selbst ein Bike herausbringen, allein aus Lust an neuen Namen ... Die Pedale, daran besteht kein Zweifel, brauchen Zähne oder Krallen! Anders ist in Matsch und Glitsch der feste „Grip" nicht drin. Freche kleine Stahlnippel, die aus dem Pedalkörper hervorragen, tun ihr Übriges zur Trittsicherheit. Langstreckenfahrten tun den Schuhen besser, wenn die Pedalkrallen mit Leder- oder Gummiwicklungen entschärft werden. Unverzichtbar sind abgedichtete Kugellager, besser noch Rillenkugellager.

Abb.42 Stahlstifte auf dem Pedalkörper sorgen für zusätzliche Trittsicherheit

Tip: Pedallager
Am Ende der Pedalachse siehst du eine schwarze Plastikkappe, hinter die Kugeln sirren. Hebel sie vorsichtig heraus, solange dein jungfräuliches Rad noch unbenutzt in der Stube steht. Jetzt den Kappensitz reinigen und die Kappe draufkleben. Im Gelände geht sie nämlich gern auf Trebe, und ehe man es merkt, ist das Lager hin.

Bei Spitzenmodellen sind geschmiedete Pedalkörper, Achsen aus CroMo oder ähnlich vergüteten Stählen und austauschbare Käfige selbstverständlich.

Im Sinne der Straßensicherheit sollte das Nachrüsten mit Reflektoren möglich sein. Tuning-Füchse haben ein Auge darauf, ob Pedalhaken montiert werden können - etwa die robusten Doppelhaken von Specialized, extra für MTB konzipiert.

Shimano brachte ein Parallelogramm-Pedal PD-M730 heraus, das insgesamt flacher ist als andere und sich von selbst waagerecht stellen soll. Letzteres funktioniert natürlich nur, wenn das Pedallager leicht läuft. Man sieht diese vielbeworbenen Bestandteile der Deore XT-Familie allerorten, aber entscheidend besser als normalgebaute Pedale finde ich sie nicht. Ein paar Millimeter mehr oder weniger spielen für die Bodenfreiheit keine Rolle. Wer nach individuellem Outfit strebt, kann bei diesem Produzenten statt des breiten Parallelogramms auch die schmale, steile Pedale PD-M731 wählen.

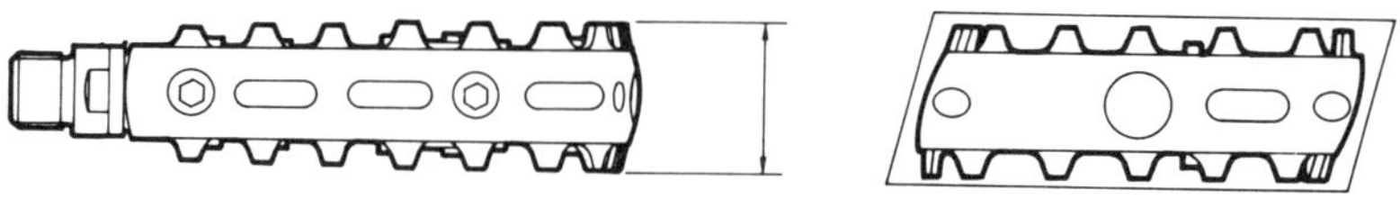

Abb.43 Parallelogramm-Pedal (Shimano)

Häßlich, rutschig, schwergängig und bruchgefährdet sind Plastiktreter. Man fragt sich, warum bei einigen Rädern mit vernünftigem Ausstattung gerade hier gespart wird.

Schaltung

Es gab Zeiten, wo ich eine Kettenschaltung ablehnte, weil ich ihren technischen Komfort als beleidigend empfand. Das vorsichtige Herumtasten mit den Schalthebeln, das entnervende Krachen der Kette ... Mit der Routine entschwand der Unmut; man gehörte nun zur Gemeinde derjenigen, die auch ohne akustische Signalgebung schalten. Doch erst seit Einführung der Rasterpositionen kann man Kettenschaltungen als ausgereift bezeichnen. Shimano war mit SIS (Shimano Index System) Vorreiter, SunTour brachte mit Accushift in seinen XC-Gruppen als erster ein entsprechendes MTB-Ensemble heraus. Um die beiden japanischen Hersteller kommt man bei den Schaltungen einfach nicht herum. Unangefochten repräsentieren sie die Spitzenklasse.

Positionierende Schaltung

heißt die neue Technik, die den bisherigen Radler-Leitsatz „Suchet, so werdet ihr den Gang finden“ hinfällig macht. Es leuchtet ein, daß der idiotensichere Gangwechsel über handige **Lenkerschalthebel** gerade für das MTB entwickelt werden mußte. Nirgends ist es schwieriger, blitzschnell die richtige Übersetzung zu finden, als im rasch wechselnden Bergauf-Bergab, Links-Rechts, Abbremsen-Beschleunigen. Der Schalthebel wird nicht mehr vage geschoben, sondern rastet korrekt bei jeder Gangmarkierung ein. Das gilt auch für die Vorwahl im Stand! Synchron greift sich die Kette mit nur geringer Verzögerung das entsprechende Ritzel - ohne Sägen und Fräsen. Theoretisch sind das *Klick* (bzw. *Klack*) des Schalthebels und das *Kluck* (bzw. *Klork*) der Kette die einzigen Geräusche, die eine neue Übersetzung melden. Dazu muß die Schaltung allerdings genau eingestellt werden - wie, wird weiter unten beschrieben. Was geschieht, wenn sich die SIS- oder Accushift-Einrichtung mitten im Bachbett verstellt? Am Shimano-Schalthebel ist eine Verstellmutter (Rändelmutter) für den Schaltungszug vorhanden, die eine Feinjustierung ermöglicht. Falls sich diese segensreiche Vorrichtung nicht ausfindig machen läßt, gibt es zwei Möglichkeiten: Entweder legst du eine Werkstattpause ein und justierst von Grund auf frisch, oder du schaltest einfach um auf Normalbetrieb. Der Buchstabe „F" auf dem Schalthebel bedeutet *Friktion* (=Reibung); damit ist das Prinzip gemeint, nach dem eine herkömmliche Schaltung arbeitet. Ein Handgriff, und es kann flott weitergeschaltet werden. Eigentlich ist die Umschaltmöglichkeit vorhanden, um mit dieser Schaltvorrichtung auch systemfremde Schaltwerke fahren zu können. Wo wir gerade bei den Schalthebeln sind: Manchmal hört man die Meinung, Lenkerendschalter seien eine interessante Variante. Tatsächlich gehören sie nur an Rennlenker. Für Cross-Rennen sind sie bestens geeignet, für MTBs überhaupt nicht.

Abb.44 Deore XT Long Cage Schaltwerk

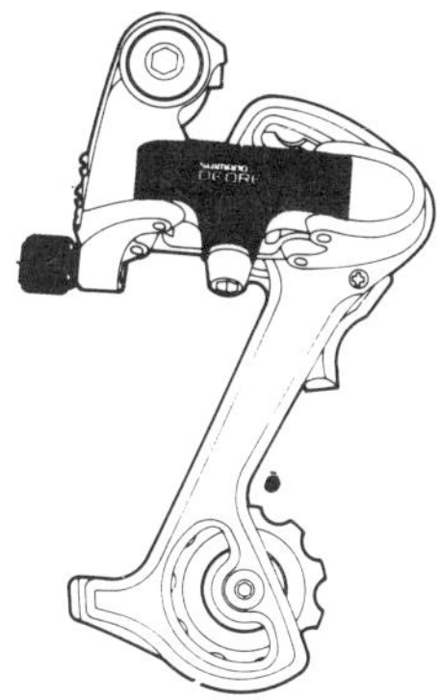

Shimano Deore XT (SIS)

Diese Gruppe ist das Flaggschiff der japanischen Technoholics, hier finden sich die neuesten Errungenschaften für den Off-Road-Fahrer.

6-Gang-Schaltwerk mit gedichteten Lagern, regulierbarer Federspannung für verschiedene Ausfallenden, Rändelmutter zur SIS-Einstellung, doppeltem Speichenschutz. Die Pantograph-Arbeitsweise hält den Abstand von der Spannrolle zum jeweiligen Ritzel stets gleich. Kapazität: 13-32 Z, maximale Differenz zwischen vorderem und hinterem Zahnrad 38 Z.

Kettenwerfer für Dreifach-Kettenrad mit tief heruntergezogenem Leitblech. Material: Leichtmetall, Kettenführung aus verchromtem Stahl. Die Schaltbewegung erfolgt nicht

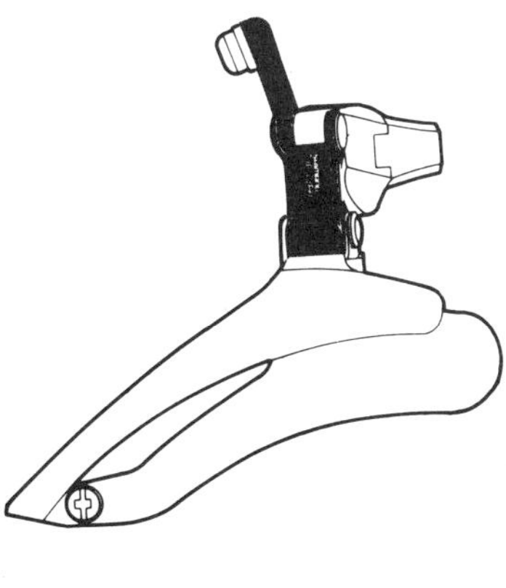

Abb.45 Deore XT Kettenwerfer mit...

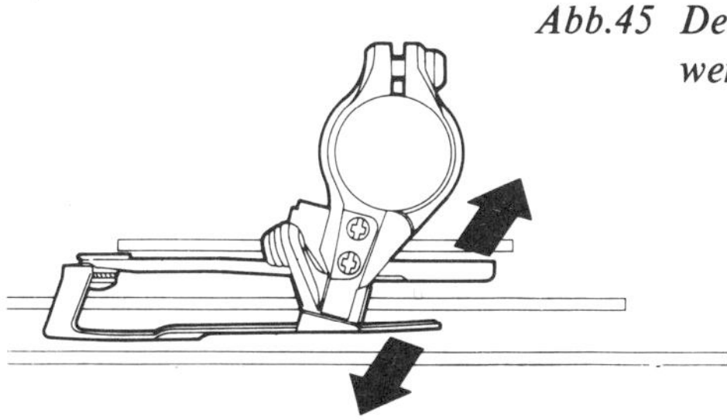

Abb.46 ...„Trailing Action"

nur parallel zu den Kettenblättern, sondern auch in Längsrichtung (d.h., er bewegt sich beim Wechsel nach innen gleichzeitig nach vorn). Das Rauf- *und* Runterschalten geschieht weich, selbst bei langsamem Schalten ohne Kettenklemmer und erlaubt eine relativ hohe Pedallast. Alle Drehpunkte sind mit Dichtungen versehen. Es gibt zwei Ausführungen für unterschiedliche verschiedene Kettenrad-Differenzen:

M730 Alpine	bei rundem Kettenrad	8-26 Z
	bei Biopace	8-22 Z
M730 Halfstep	bei rundem Kettenrad	5-26 Z
	bei Biopace	5-22 Z

(Klartext: beim Alpine müssen runde Kettenräder um mindestens 8, höchstens 26 Z differieren).

Abb.47 Deore XT Daumenschalthebel

Im **Daumenschalthebel** integriert ist das SIS-System. Eine verborgene Feder erleichtert den Schaltvorgang (*„Light Action“*). Ein weiterer Bonus: Die passende Reichweite des kunststoffarmierten Schalthebels kann unter drei Bereichen ausgewählt werden.

Wem 26 Z für das größte Ritzel ausreichen, der kann auch ein kürzeres Schaltwerk wie das 600 SIS wählen. Damit wird größere Bodenfreiheit erzielt, wenn auch auf Kosten der Stabilität: Deore XT ist nicht nur die raffinierteste, sondern auch die stabilste Gruppe.

Tip:
Wenn du die richtige Position für den Daumenschalter durch Verschieben auf der Lenkstange herausfinden willst, schalte vorher auf den kleinsten Zahnkranz bzw. das kleinste Kettenrad. Sonst passiert es leicht, daß die Kabelspannung den Schalter herumschnellt, sowie die Inbusschraube gelöst wird.

Die **Freilaufnabe** der Gruppe ist auf SIS ausgerichtet und nach dem bewährten Kassettenprinzip aufgebaut. Material: Aluminium. Statt des Schnellspanners (Erkennungsmerkmal: der schwarze Kunststoffgriff) ist sie auch als Achsmutter-Version zu haben. Ritzelkombination: 12-26, 28,30,32,34 Z. Werfen wir einen kurzen Blick auf die Dichtung der Nabe: Zwei Kunststoffringe sitzen fest im Konus und gleiten beweglich in der Staubschutzkappe. Ähnlich den Kolbenringen im Auto bilden sie eine sehr effektive Labyrinthdichtung.

Shimano Deore lautet die etwas bescheidenere Schwestergruppe, die im Wesentlichen dieselbe Leistung bringt. **Exage** heißt das neue, noch kostengünstigere Ensemble für Mountain Bikes.

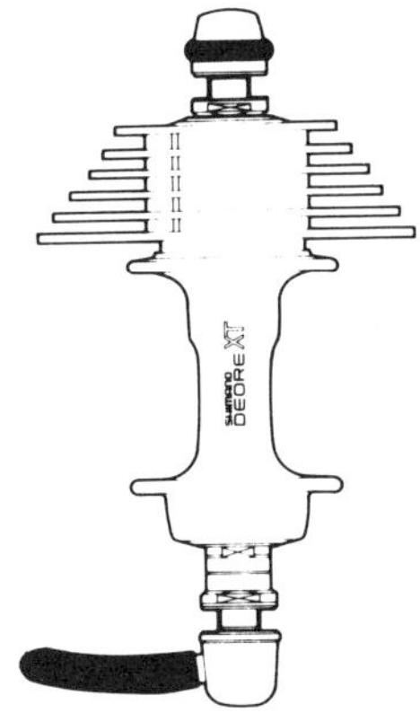

Abb.48 Deore XT Freilauf

Abb.49 Die komplette Deore-Gruppe

Wie wird SIS korrekt eingestellt?

1. Bei der Montage des Derailleurs am Ausfallende (6 mm Inbus) achte darauf, daß die Spannungsschraube B (mit der die Federkraft justiert wird), nicht auf den Anschlag des Ausfall gequetscht, sondern dagegengesetzt wird *(Abb.50)*

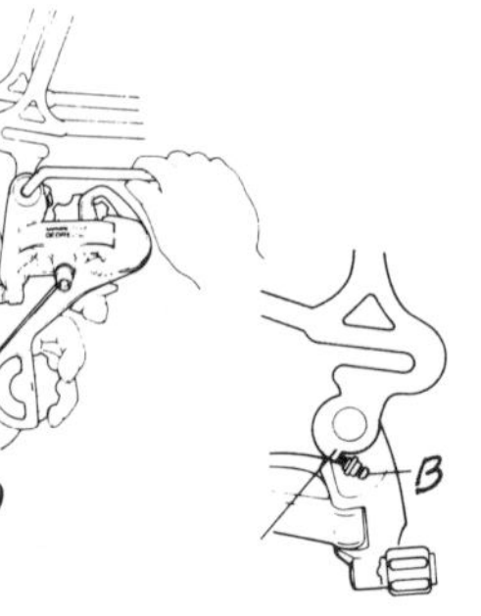

50

2. Vor der SIS-Einstellung wird die Reichweite (der Hub) des Schaltwerks festgelegt. Dazu den Schalter von SIS auf F stellen *(Abb.51)*

a. Äußere Begrenzung: Kette liegt auf kleinstem Ritzel. Obere Justierschraube H drehen, bis - von hinten gesehen - die Führungsrolle auf den rechten Rand des äußeren Ritzels zielt (dreht man H im Uhrzeigersinn, wandert die Rolle nach innen) *(Abb.52)*

51

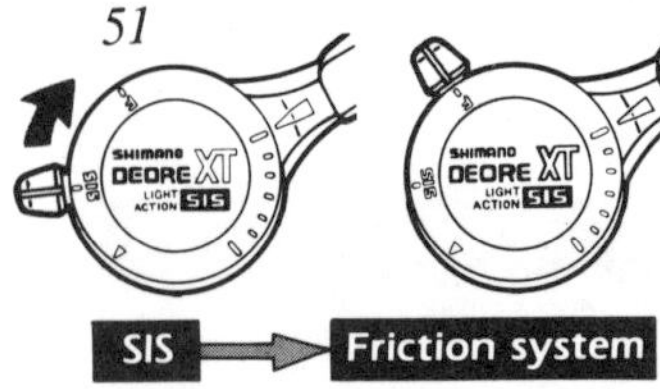

b. Kabel in die Kerbe am Derailleur legen und dort verankern. Kabel ziehen und dann noch einmal spannen, so daß es nicht schlackert *(Abb.53)*

c. Innere Begrenzung: Untere Justierschraube L drehen, bis die Führungsrolle genau unter dem größten Ritzel steht (Drehung im Uhrzeigersinn bewirkt Bewegung nach außen) *(Abb.52)*

52

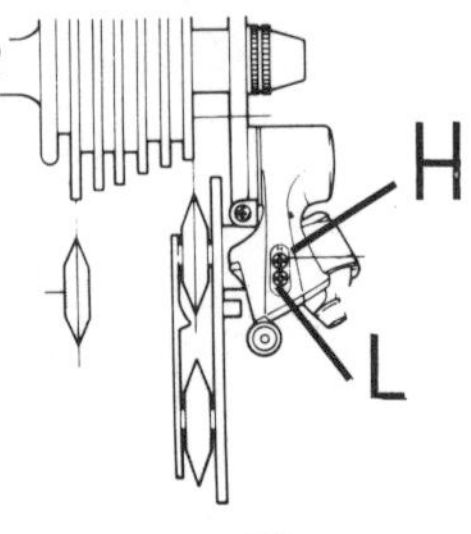

3. Justieren der Federspannung: Kette liegt auf größtem Ritzel und kleinstem Kettenrad. Schraube B drehen, bis die Führungsrolle so nahe wie möglich vor dem Ritzel steht. Zur Kontrolle die Kurbeln rückwärts drehen. Wenn die Kette dabei reibt und knackt, Schraube B im Uhrzeigersinn drehen, bis die Kette glatt läuft *(Abb.54)*

4. SIS-Einstellung:

a. Schalthebel auf SIS stellen *(Abb.55)*

b. Vom kleinsten Ritzel einen Gang herunterschalten *(Abb.56)*. Wenn die Kette nicht folgt, Kabelstellschraube herausdrehen (Gegenuhrzeigersinn), um Kabelspannung zu verstärken *(Abb.57)*. Wandert die Kette jetzt über das zweite Ritzel hinaus, durch Drehen im Uhrzeigersinn das Kabel etwas entspannen

53

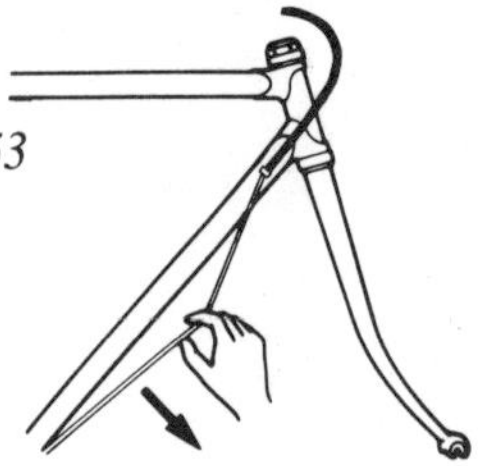

c. Während die Kette noch auf dem zweitkleinsten Ritzel liegt, Kurbeln in Fahrtrichtung drehen. Gleichzeitig Kabelspannung langsam erhöhen (B gegen den Uhrzeigersinn), bis die Kette gegen das dritte Ritzel krackert. Wieder soweit zurücknehmen, daß die Kette eben vom dritten Ritzel freikommt. Presto!

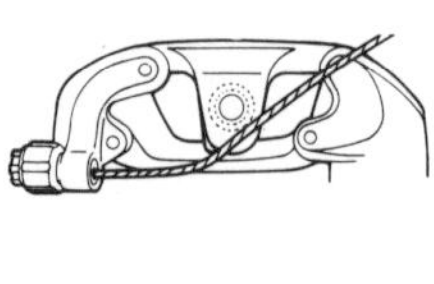

SunTour XC / XD Accushift
Diese Rasterschaltung für ATB-Piloten ist schlechthin das Feinste vom Feinen. Bei keinem anderen Getriebe habe ich eine derart spielerisch leicht wirkende Präzision erlebt.

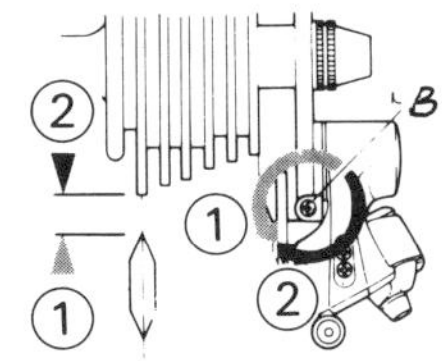

54

Das Trapezoid-**Schaltwerk** mit seinen Doppelspannfedern arbeitet ungemein sauber bis zu 32 Z als größtem Ritzel. Wird statt mit Accushift mit Friktion geschaltet, erhöht sich die Kapazität auf 34 Z. Der aktuellste, leistungsfähigste und schönste Derailleur heißt XC 9010.

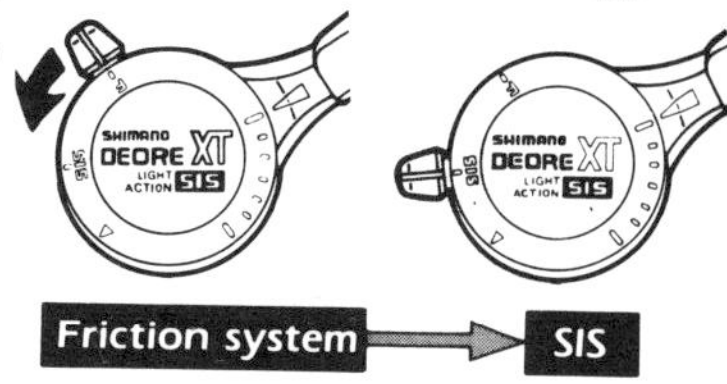

55

Abb.58 SunTour XC 9010

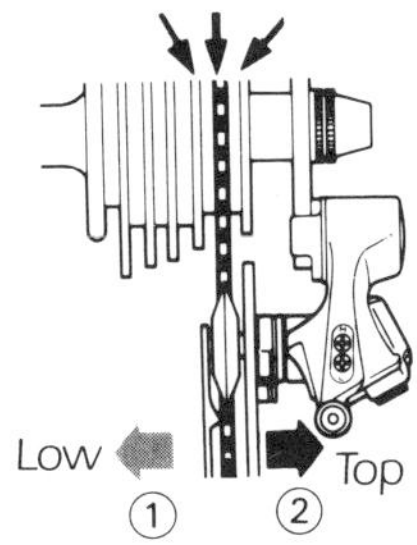

56

Der gehärtete Stahlkäfig des **Umwerfers** packt eine Gesamtdifferenz von 24 Z, die man wohl kaum ausreizen wird. Zwischen den Kettenblättern müssen mindestens 6 Z Unterschied liegen.

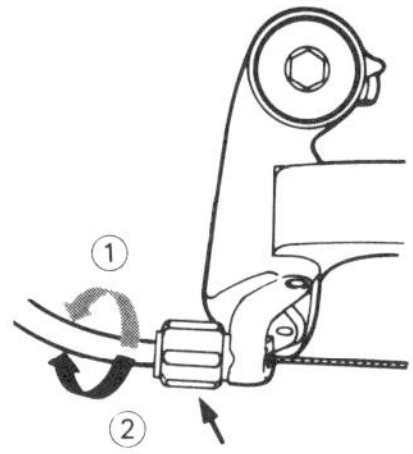

57

Was sogleich ins Auge fällt: Der **Schalthebel** bildet mit dem Bremshebel eine Einheit. Die Entfernung vom Hebel zum Daumen ist sechsfach verstellbar. Bedenkt man, daß Daumenschalter leicht zu weit entfernt sitzen, weil ihre Anbringung erst hinter der Bremshebelmanschette möglich ist, so ist die SunTour-Lösung ebenso funktional wie elegant. Wie bei Deore XT gibt es einen Reichweiten-Einsteller und eine Kabelstellschraube zur Feinjustierung. Im linken Hebel verbirgt sich mit *„Power Control"* eine Sperrklinken-Vorrichtung, die den Kraftaufwand deutlich vermindert. Als Extra kann sie auch nachträglich in alle anderen SunTour-Hebel eingesetzt werden. Der rechte Hebel arbeitet nach dem Index-Modus (mit beliebigem Accushift-Derail-

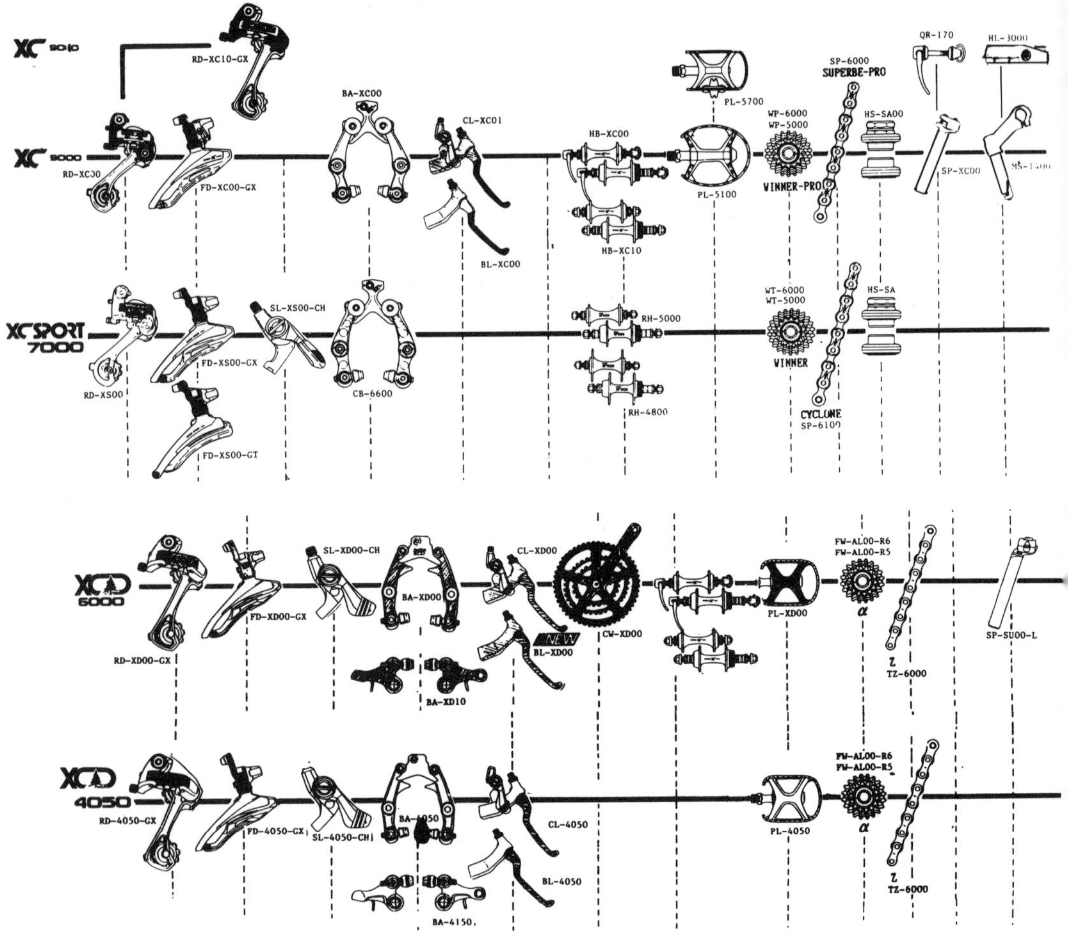

Abb.59 Die Off-Road-Gruppen von SunTour

leur und 5- oder 6fach-Zahnkranz) oder mit Friktion (auch bei Schaltwerken und Zahnkränzen fremder Hersteller). Schalthebel sind - außer am Bremshebel - auch für die direkte Montage am Lenker erhältlich. Bei der preisgünstigeren Gruppe XCD 4050 finden sich die klobigsten Schalter überhaupt. Sie sehen aus, als wären sie einem dicken Daumen nachgebaut, und man ist sehr überrascht, daß sie sich dennoch so komfortabel handhaben lassen. Weit eleganter dagegen die ergonomisch geformten neuen Hebel der XC Sport 7000.

Um den Accushift zu nutzen, müssen **Freilaufnaben** Winner Pro, Winner oder Alpha gefahren werden. Einen hervorragenden Ruf genießt das Winner System mit geschliffenem Kugellauf, Labyrinthdichtung und Öffnung zum Ölen. Der geschmiedete Körper nimmt eine 5-, 6- oder 7fach-Kombination auf mit einer enormen Variationsbreite.

Wie stellt man die Index-Schaltung ein?

1. Derailleur mit 5 mm Inbusschlüssel so am Ausfallende festschrauben, daß die Nase des Federgehäuses (tab) am Anschlag des Ausfallendes liegt *(Abb.60)*

60

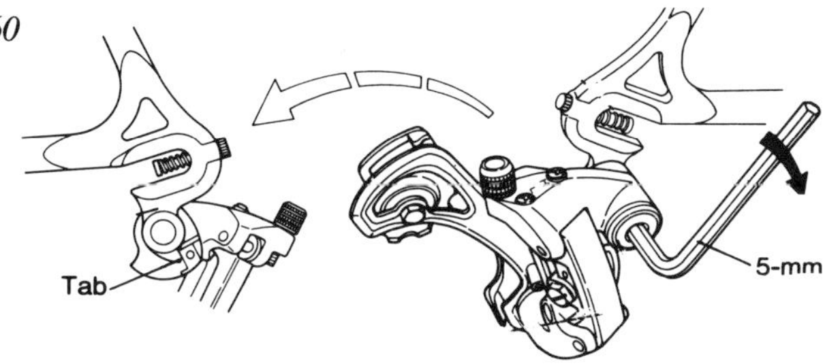

2. Äußere Begrenzung (H) auf größtem Gang einstellen wie oben

3. Innere Begrenzung (L) einstellen

4. Kette über kleinstes Ritzel und größtes Kettenrad auflegen. Die Kettenlänge ist richtig, wenn der Markierungspunkt am Käfig mit der Markierung auf dem Schaltwerkkörper übereinstimmt *(Abb.61)*

61

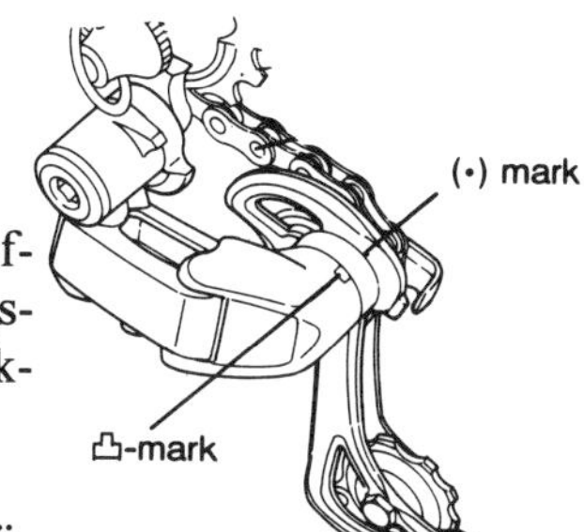

5. Kabelbefestigung: Kabel in rechten Schalthebel einfädeln, Kabelhülle aufschieben *(Abb.62).* Schalthebel ganz

62

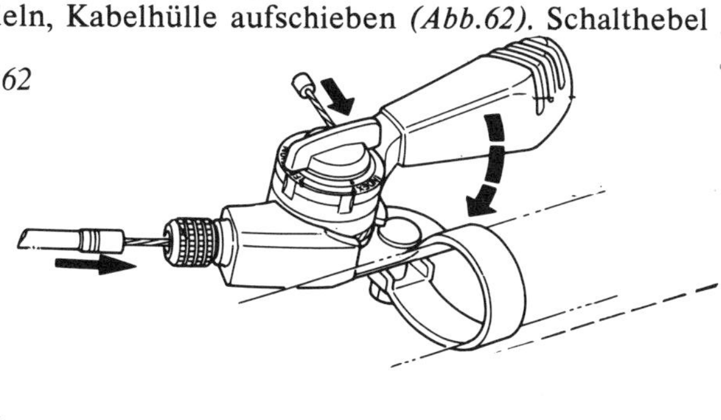

63

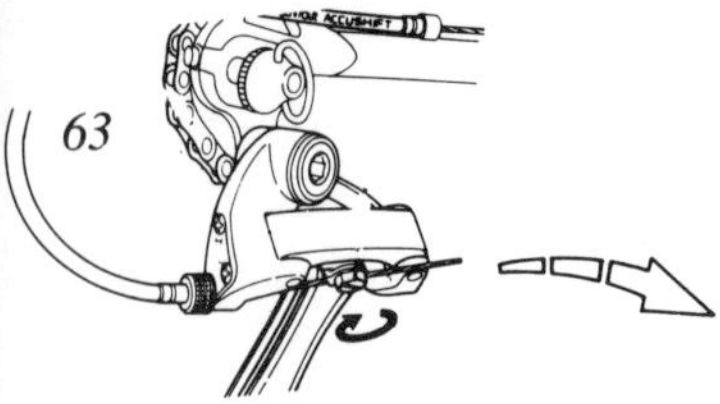

zum Fahrer hindrehen. Kabel am Schaltwerk so befestigen, daß es *innen* an der Verankerungsschraube vorbeiläuft *(Abb.63)*. Andernfalls ist Friktionsschaltung nur mit Mühe, Indexschaltung gar nicht möglich. Kabel dehnen, indem du den Schalthebel um ca. 40° nach vorn drückst. Dann noch einmal nachspannen

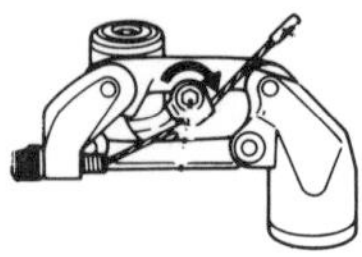

6. Index Power Control einstellen:

a. Friktionsschraube (die mit dem Handgriff) auf dem rechten Hebel eine volle Umdrehung lösen. Stellring auf *„Index“* stellen *(Abb.64)*

64

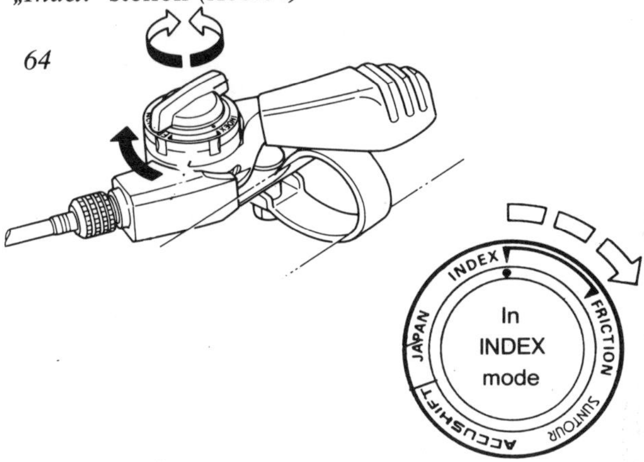

65

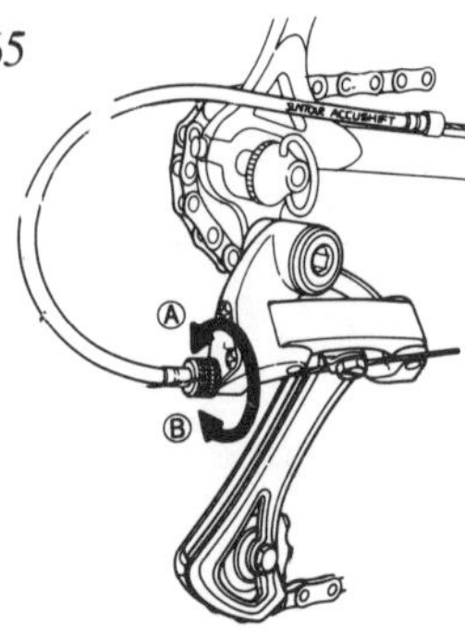

b. Kette auf *kleinstes* Kettenrad und *kleinstes* Ritzel legen. Kurbel langsam vorwärts drehen, Schalthebel zum ersten Klick nach vorn drücken und ihn dann loslassen. Wandert die Kette nur zögernd oder gar nicht aufs zweite Ritzel, Kabelstellschraube zur Erhöhung der Kabelspannung herausdrehen. Schraddelt die Kette jetzt am dritten Ritzel, wieder etwas hineinschrauben *(Abb.65)*

c. Zur Kontrolle alle Gänge durchschalten. Wenn's beim Schalten auf ein größeres Ritzel hakelt, Stellschraube durch Herausdrehen (Gegenuhrzeigersinn) nachregulieren; bei Schaltproblemen Richtung kleineres Ritzel umgekehrt. Finito!

Tip: Speichenschutz
Auch eine gut justierte Schaltung kann sich verstellen. Wenn der Long Cage das größte Ritzel hinter sich läßt, um einmal nach den Speichen zu sehen, ist allerhand Schrott zu erwarten, im schlimmeren Fall auch ein böser Sturz. Leicht zu vermeiden durch eine Speichenschutzscheibe, die wohlfeil um ein paar Kreuzer zu haben ist.

Sonderformen und Raffinessen

Ab und zu hört man von der Verschleißanfälligkeit der Alu-Schaltkränze. Wer bei einem konventionellen Freilauf nach der Generationenlösung sucht, hat die Wahl unter verschiedenen **Stahl-Zahnkränzen**. Spezialfirmen wie ESJOT bieten, etwas im Schatten der auffälligen Paradefirmen, erzsolide (und schwere) Fünf- und Sechsfach-Freiläufe mit englischem Gewinde an. Darunter sind auch off-road-taugliche, z.B.

14 / 16 / 18 / 20 / 24 / 28 Z
14 / 17 / 20 / 24 / 28 Z
14 / 18 / 22 / 28 / 34 Z

Noch ein Wort zur Auslegung der Schaltungen. Bei unserem Handbuch *„Reiseräder Supertourer"* war es nötig, den Abstufungen und den daraus resultierenden Fahrbedingungen breiten Raum zu widmen. Bei den Randonneurs mit ihren schmalen Hochdruckreifen geht es schließlich darum, auf glatter Straße hohe Dauerleistung zu erbringen. Anders geht es zu auf den „Rauhen Reifen". Das abenteuerliche Fahren in unübersichtlicher Umgebung, wo Bodenformen und Gefälle rasch wechseln, zwingt zu schnellem, gelegentlich brutalem Schalten und hartem Antritt. Wichtig sind hier zunächst die 1:1-Übersetzungen oder, besser noch, Untersetzungen.

Dagegen treten die ganz schnellen Gänge meist in den Hintergrund. Das ATB als Touringrad hat wieder seine eigenen, häufig individuell ganz verschiedenen Prioritäten, zu denen sicher auch die Steigfähigkeit gehört. Beim City Bike können dagegen die ganz kleinen Gänge wegfallen, die harmonische Abstufung der schnellen Speedies mit den wenigen Zähnen ist wichtiger. Hier gilt es zu erkennen, wofür das Rad hauptsächlich genutzt werden soll. Daraus ergeben sich empfehlenswerte Gangkombinationen, bei denen man gern einen engagierten Fahrradhändler zu Rate ziehen sollte. Vielleicht kommt dabei heraus, daß 18 Gänge gar nicht gebraucht werden. Kettler stattet sein Town & Country mit der Shimano PPS 6-Gang aus. Eine Minimallösung, die man gemeinhin nicht mit der Vorstellung ATB oder MTB verbindet. Aber es gibt viele Spielarten zwischen 10 und 15 Gängen, mit denen ein zielstrebiger Pedal-Chauffeur sein maßgeschneidertes System zusammentüfteln kann.

Haben Nabenschaltungen etwas am MTB zu suchen?

Warum nicht, wenn der Verwendungszweck es gestattet? Die Sachs Orbit mit Trommelbremse z.B. ist eine 10- oder 12-Gang-Schaltung. Für die oben skizzierte, knallharte Power-Therapie ist dieses System zu zahm; in der Stadt mag sie vollkommen ausreichend sein. Ein Leser der Zeitschrift *„tour“* propagierte einen Eigenbau aus der F & S Dreigangnabe, mit zwei Ritzeln versehen und mit zwei oder drei Kettenrädern kombiniert. Wer seinem MTB mit Strecken schmeichelt, für die eine Rücktrittbremse ausreicht, kommt damit bestimmt gut klar. Das Fahrrad ist schließlich die Schule der Experimentierfreudigkeit! Also ist auch gegen Fünfgangnaben (Sturmey Archer, Sachs Pentasport) nichts einzuwenden, wenn sie zu den Absichten des Fahrers passen.

Laufräder

Felgen

Bei keinem anderen Radl ist eine solche Bandbreite von Felgenformaten und -profilen vorhanden wie beim Kraxlradl. Stahl oder Alu? Die zwei verchromten Stahlfelgen (von van Schothorst (eine davon mit gepunzten Speichenlöchern) sind über jedes Wackeln erhaben, aber ebenso wie Nirostafelgen nicht empfehlenswert. Sie sind etwa anderthalb mal so schwer wie die Alufelge desselben Herstellers (deren Festigkeit ebenfalls befriedigt) und geben vor allem eine katastrophale Bremsfläche für Felgenbremsen ab. Also her mit den Alufelgen! Die zahlreich angebotenen Hohlkammerprofile mit einfachen Lochösen können durchaus befriedigen; besser sind die Felgen mit doppelten, durch Messingösen verstärkten Speichenlöchern. Matt anodisiertes Leichtmetall steht neben dem dezenten Dunkelgrau eloxierter Oberfläche, verziert mit bunten Labels ... Die Vielfalt stimmt einen vergnügt, und es macht Spaß, nach den passendsten, schönsten Teilen zu forschen. Der Unterschied zwischen dem kantigen Kraftkasten der Araya 32 und der rassigen, eleganten Wolber 20 fällt auf den ersten Blick ins Auge. Wobei man sich darüber klar sein muß, daß die noble Farbgebung nur ein Nebeneffekt des Anodisierens ist der eigentliche Vorteil des Verfahrens ist die Oberflächenhärtung. Aber, verwirrend: Nicht alles ist gehärtet, was schwarz glänzt, z.B. die vielgepriesene schwarze Araya. Diesen Namen liest man übrigens auffallend häufig; der japanische Hersteller konnte sich einen gewaltigen Happen vom Markt einverleiben. Gerade deswegen muß man mächtig aufpassen, hier nicht eine schlechtgeschweißte Hubbelfelge zu erwischen. Beim Kauf sorgfältig die Laufräder ansehen und Kinken sofort reklamieren! Felgenstandard sind 36 Speichen in Dreifachkreuzung - hier kann man kaum etwas falschmachen. Wohl aber etwas verbessern:

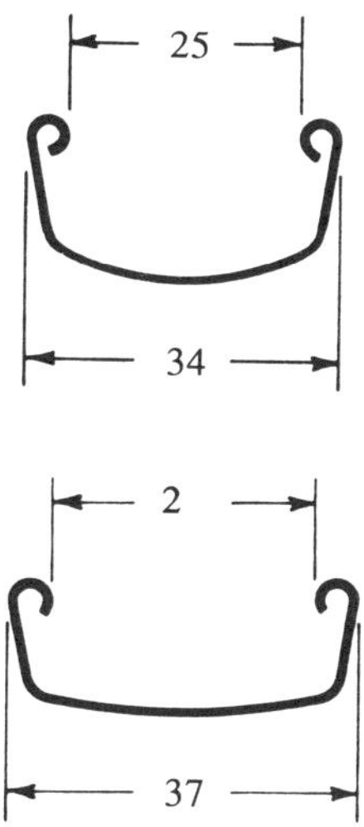

Abb.66 Stahlfelgen (van Schothorst)

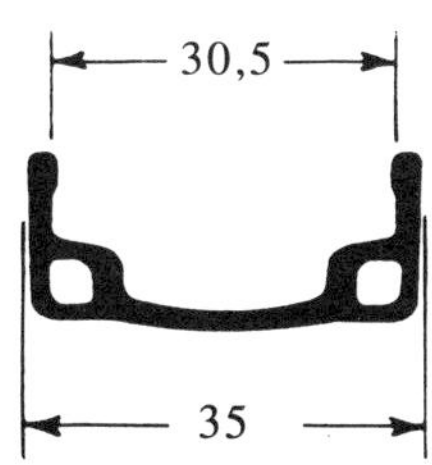

Abb.67 Alufelge (van Schothorst)

Tip: Versteifen des Laufrades
Man besorge sich 50 Plastikverbinder zum Zusammenhalten von Kabeln oder Verschließen von Tüten. Das sind schmale Bänder mit einer geriffelten Zunge an einem Ende und einer Lasche am anderen. Um jede äußere Speichenkreuzung wird ein Verbinder gelegt, straffgezogen und das überstehende Ende abgekniffen. Mit wenig Aufwand läßt sich auf diese Weise die Stabilität des Laufrades bedeutend erhöhen - wichtig für Schwergewichte.

Abb.70 Versteifung der Speichen

Die totale Alternative: Radialspeichung
Ja, du hast dich nicht verhört: Wie am Ackerwagen kannst du die Speichen direkt, ohne Kreuzung, von der Felge zur Nabe ziehen. Der Erfolg: härteres Fahren. Die Federwirkung der Tangentialspeichen entfällt, die Kraft geht direkt auf die Straße. Durch die dicken Reifen bleibt ein gewisser Minimalkomfort. Nicht für Trommelbremsnaben geeignet.

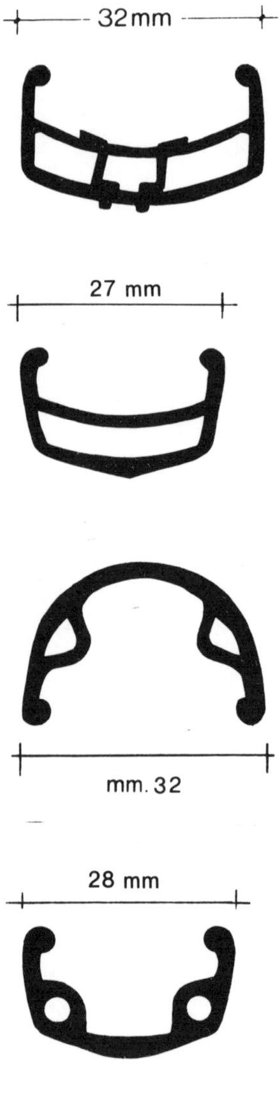

68 MTB-Alufelgen von Ambrosio (von oben nach unten: Performance, Ontario de Luxe, Aero, Ontario)

Zwei andere Punkte verdienen Beachtung beim Aussuchen einer 26"-Felge: Das ERTRO-Maß muß 559 mm betragen, und die Felge muß mit dem Reifen harmonieren (siehe Kapitel Reifen). Hier eine Auswahl geländetauglicher Leichtmetallfelgen:

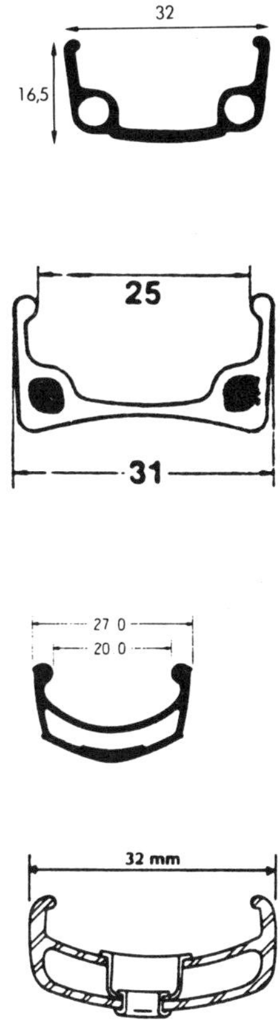

Typ		ERTRO-Norm
Ambrosio	Aero	32-559
"	Performance	32-559
"	Ontario deLuxe	27-559
"	Ontario	28-559
Araya	RM 20	20-559
"	RM 25	25-559
"	RM 32	32-559
Mavic Rando M5		32-559
Schothorst	AS 35	30,5-559
Weinmann	MTB Konkav	25-559
Wolber	AT 20	26-559
"	Canyon	32-559

Geeignete **Speichen?** Favorit scheint Hoshi zu sein, Long Life von Prym macht im MTB-Sektor ebenfalls von sich reden, Berg-Union ist als Dauerbrenner mit von der Partie. Normalerweise wird die 2 mm starke Speiche gewählt.

Bei den **Naben** kann man davon ausgehen, daß die Standardausstattung meist zufriedenstellend ist.

Qualitätsbesessene haben natürlich auch hier eine Tummelwiese für Tuning-Arbeiten. Wer die SunTour XC 9000 sein eigen nennt, braucht sich nach keiner anderen mehr umzusehen. Gewölbte Flansche vermeiden überflüssige Speichenreibung. Das Problem der asymmetrischen Schüsseltiefe am Hinterrad ist durch eine durchdachte Geometrie weitgehend gelöst. Unter dem makellos glänzenden Finish arbeiten lautlos zwei doppelt gedichtete Rillenkugellager. Der Lauf dieser Nabe ist auch im schonungslosen Fahrbetrieb extrem widerstandsarm.

Abb.69
Von oben nach unten: Wolber Canyon, Weinmann Konkav, Araya RM 20, Mavic Rando M5

Freunde der Hochflanschnabe werden auch bei ihrem MTB auf den Namen Maxicar stoßen, deren feine Verarbeitung und präziser Lauf sprichwörtlich ist. Der neue Set MTB-Naben (darunter auch Niederflansche) ist schwarz, gold, grau und blank zu haben. Wo wir gerade bei

Abb.71
Maxicar-Hochflanschnaben für MTBs

den Raffinessen sind: Erwähnung verdient die neue Freilaufnabe von Mavic, MRL 570. Mit größtem Ritzel 28 ist sie für ATBs noch akzeptabel. Mit drei gedichteten Kugellagern plus zwei Nadellagern ist ein Höchstmaß an Stabilität erreicht.

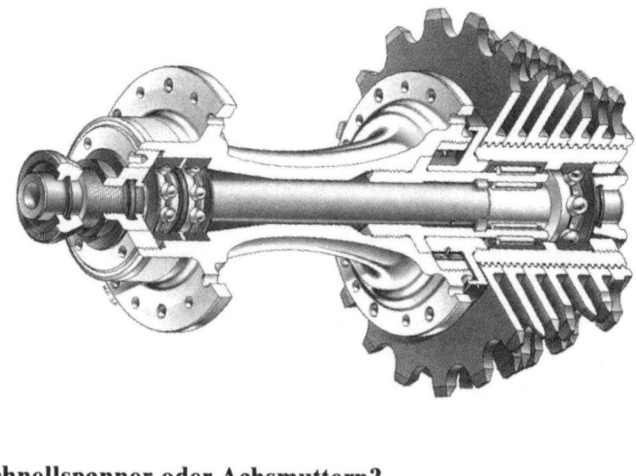

Abb.72
Fünffach gelagert: Mavic MRL 570

Schnellspanner oder Achsmuttern?
Für jeden, der eine zweiten Satz Laufräder benutzt, ist der Achsenblitz namens Schnellspanner eine patente Sache. Schnell und ohne Werkzeug ist der Radwechsel zu bewerkstelligen. Generell besteht aber kein Grund, ihn zur MTB-Standardausstattung zu rechnen. Er kann in Ausnahmefällen sogar zur Gefahr werden, wenn etwa ein Ast hinter den Hebel hakt und ihn öffnet. In diesem Fall hast du Glück gehabt, wenn eine Sicherungsscheibe die Achse noch am

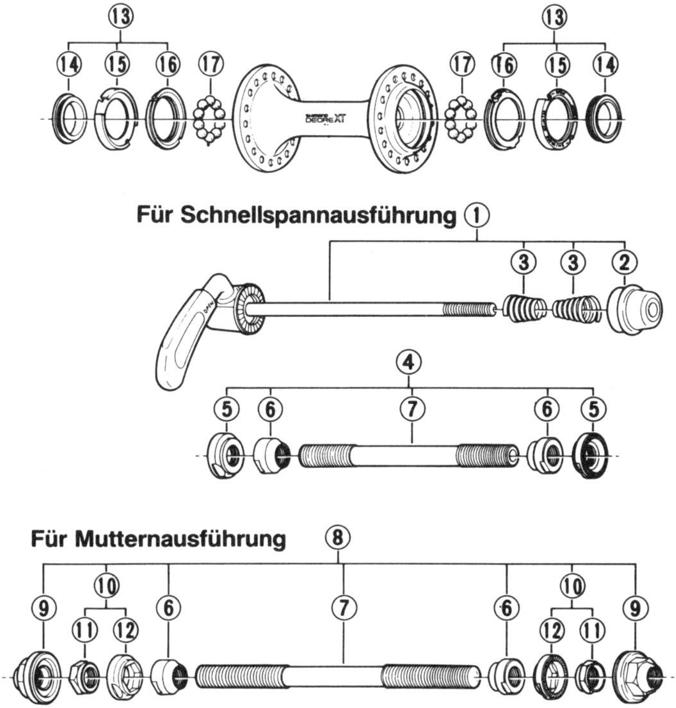

Abb.73
Shimano-Nabe mit Schnellspanner o. Muttern

Ausfallende hält oder wenn dort ein Sicherungswulst vorhanden ist. Bei den Rädern von GT ist ein Sicherungssteg im Ausfallende eingebaut, der dieselbe Funktion hat. Auf diese Sicherung, auf strammen Sitz und gelegentliche Ölung sollte man achten, wenn man Spaß mit der Hebelei haben will.

Bereifung

MTB-Reifen sind etwas Besonderes

Sie kommen in 26“; ausgenommen einige City- oder All Terrain Bikes wie Steinweg oder Centurion Accordo mit 28“. Von den 26-Zöllern, die es ja nicht erst seit dem Off-Road-Boom gibt, kommen jedoch nur Reifen mit der ERTRO-Bezeichnung 559 in Frage. Die Verwendbarkeit verschieden dicker Reifen ist durch die Breite der Gabel bzw. der Hinterbaustreben begrenzt. Will man Schutzbleche anbringen, so muß auch hierfür noch Platz bleiben. Die Breite der MTB-Reifen beträgt zwischen 35 und 59 mm, entsprechend ist die Höhe. Der Druck ist auf der Karkasse aufgeprägt; meist in *psi (pounds per square inch)* und in *bar*. Mit dem Manometer einer kleinen Auto-Fußpumpe läßt sich jeder Fehler vermeiden. Ich meine allerdings, daß ein Reifendruck knapp unter dem angegebenen Minimum meistens genügt. In der jeweiligen Situation paßt man sich allerdings dem Boden an: Straßenfahrten verlangen nach hohem Reifendruck (= geringer Rollwiderstand); im Gelände läßt man kurz den Reifen zischen, um bessere Bodenhaftung und mehr Fahrkomfort zu erzielen. Warum haben MTB-Reifen Autoventile? Weil sie aus den USA kommen. Vorteile: 1. Die einfache Montage, denn ein Schrader-Ventil braucht weder Rändel- noch Überwurfmutter. 2. Das schnelle, präzise Aufpumpen an der Tankstelle. 3. Es kann nicht geklaut werden. Nachteile gibt es ebenfalls: Im Laufe der Beanspruchung wandert der Schlauch und zieht das Ventil in Schräglage. Außerdem zieht die Tankstellenmasche nicht, wenn du durch die Einöde kreuzt. Wir hatten schon Probleme, nachts vom Flughafen kommend eine Tankstelle zu finden (wenn du das Bike als Fluggepäck mitnimmst, muß die Luft aus den Reifen gelassen werden). Eine Fußpumpe ist fein als „stationäres System“, aber nichts für unterwegs. Gut, daß es SKS gibt. Die Firma, die auch die feinen Bluemels-Schutzbleche vertreibt, tröstet den ratlosen Luftsuchenden mit einer handlichen MTB-Pumpe, die ausreichend Kompression für fette Reifen bringt. Auch Poutrait-Mourin hat eine Pumpe für Schrader-Ventile auf dem Markt. Wer das alles zu umständlich findet, greift auf MTB-Reifen mit normalem Dunlop-Ventil zurück.

Durchschlagsichere Spezialreifen, wie ich sie für Reiseräder wärmstens empfehlen kann, scheinen mir beim MTB nicht notwendig zu sein. Erfreulich viele Fabrikate sind so robust, daß sich weitere Pannenschutzmaßnahmen erübrigen. Und wenn's mal aus dem falschen Loch pfeift - wozu gibt es Flickzeug?

Die Montage des MTB-Reifens mit Autoventil ist noch einfacher als beim Normalrad:

1. Felgenband einlegen

2. Decke mit einem Draht auf die Felge ziehen

3. Schlauch aufpumpen, bis er glatt ist, und einlegen

4. Decke endgültig aufziehen

5. Decke und darunterliegenden Schlauch sorgfältig von Hand walken, bis alles richtig in der Felge sitzt

6. Aufpumpen

(Weil das Ventil hier nicht durch eine Rändelmutter festgehalten wird, kommt es häufig vor, daß der Schlauch während der Fahrt wandert und das Ventil schiefzieht. Wenn's zu doll wird, muß der Schlauch neu eingelegt werden).

Gibt es „Erste Adressen" unter den Reifenlieferanten?

Klar. Michelin und Panaracer haben sich schon früh um M+S-Reifen fürs Velo verdient gemacht, ebenso IRC und Tioga. Aber auch Wolber, Continental, Schwalbe und Specialized bringen gut verarbeitetes Material in breitgefächertem Angebot. Japanische Hersteller sind so gut, daß sie inzwischen auch Reifen für die USA herstellen (z.B. für Specialized und Madison Nutrac). Eigentlich kann man bei jedem Markennamen zugreifen; die Qualitätsunterschiede bei Reifendecken sind nicht sehr auffällig. Interessant sind die Sonderentwicklungen bei den Schläuchen. Dort hebt

Abb.74
Ohne Stollenpneus läuft im Gelände nichts

sich der Panaracer Poly-Lite, ultraleichter Polyurethanschlauch, vor allen anderen ab. Seine Widerstandsfähigkeit gegen Spitzes aller Art ist legendär. Trotzdem bekommt man in der Verkaufspackung ein Mini-Flickzeug dazu vorbildlich. Anders als bei konventionellen Schläuchen, die für verschiedene Reifenstärken passen, muß hier unbedingt der richtige Schlauch (1.50, 1.75, 2.00 + 2.125) gewählt werden. Eines ist bei diesem Material allerdings etwas ungewohnt:

Reifenflicken beim Poly-Lite

0. Speziellen Reparaturset verwenden
1. Umgebung des Loches reinigen
2. Kleber gleichmäßig auf Schlauch und Flicken auftragen (Vorsicht, giftig) und mit dem Finger aufreiben, bis er trocken ist
3. Nochmal auftragen und reiben, bis das Zeug sich klebrig-zäh anfühlt
4. Flicken auf den backsigen Untergrund auflegen. Luftbläschen durch Rollen und Quetschen rausdrücken. Fünf Minuten festdrücken, weitere 10-15 Minuten trocknen lassen. Voila.

Stollenstolz oder Profilneurose? Kriterien zur Reifenwahl

Die **schwer profilierten** „Dickies" aus der 26"-Familie gelten geradezu als Kennzeichen für Mountain Bikes. Sie rollen für mehr Bequemlichkeit, zeigen bessere Traktion in tiefem Boden und gehen weicher über scharfe Kanten hinweg (Treppabfahrten, Kantsteine). Der „Eis" verfügt durch seine Naturkautschuk-Mischung über eine extrem gute Reibung. Er soll geeignet sein, selbst Eishockey-Spieler zu erschrecken. Die massiven Blockstollen der Vollkornprofile sollten schräge Wände haben, um die Dreckbrocken während der Fahrt auch wieder loszuwerden. In der Praxis sieht das oft ganz anders aus - da kann sich der Matsch so zusammenballen, daß sich das Rad kaum noch drehen mag. Beim Manövrieren im Gelände unübertroffen, sind diese *„Fat Tires"* auf Kopfsteinpflaster ganz erbärmliche Knochenrüttler. Man muß die Zähne fest zusammenbeißen, damit sie nicht aus dem Gebiß vibrieren.

Abb.75 Tioga „Farmer John"

Abb.76 Swallow „Mountaineer"

Laufflächen in der Mitte (*Center Ridge, Mittelsteg,* auch fälschlich *Laufrinne* genannt) machen einen eklatanten Unterschied. Ihr erholsamer Leichtlauf auf glatten Straßen läßt sich sogar akustisch nachvollziehen, wenn man das Surren dieser Profile mit dem heulenden Ton eines schnellgefahrenen Stollenreifens vergleicht. Der Mittelsteg ist nicht immer durchgehend, sondern auch als gebrochenes Band ausgeführt. Off-Road aber ist der Mittelbandreifen ein wahres Ärgernis. In Sand oder Schnee heißt es gar: Schieben (was bekanntlich gegen ein ungeschriebenes

Abb.77 Wolber „Country" mit gebrochenem Mittelsteg

Abb.78 *Swallow „Cruiser" mit Mittelsteg*

Mountain-Biker-Gesetz verstößt). In Kurven verursacht der schmale Steg ein unsicheres Gefühl; Pneus mit rundem Querschnitt dagegen zeigen sich weit gutmütiger. **AT-Reifen** mit flächigem, weniger tiefen Profil oder kleinen flachen Blockstollen sind für alles gut. Wenn man nicht unbedingt heiß ist auf verschärfte Härteübungen, lohnt es sich, solche Decken aufzuziehen. Sie fahren sich leichter und wiegen erheblich weniger. Ausgesprochene Stadtreifen sind genau das Richtige, wenn man seinen Drahtesel als City Bike benutzt.

Abb.79 *Michelin-Reifen: Surmount, Interroute, Hi-Lite Express*

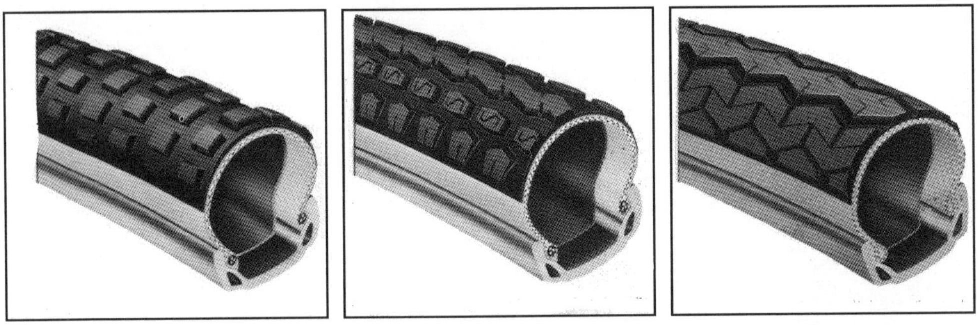

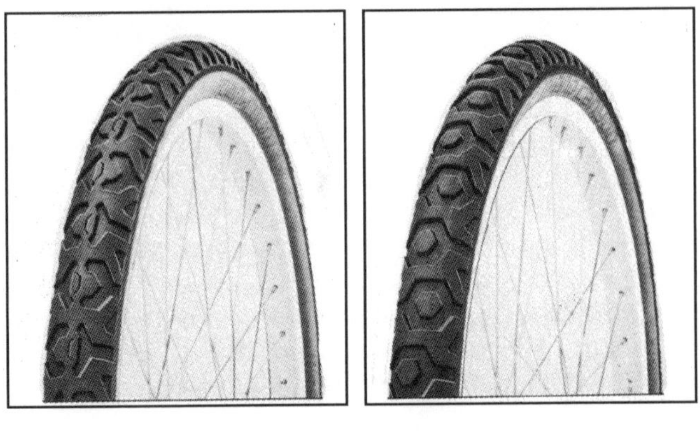

Abb.80 *Continental Reifen mit großen Profilflächen*

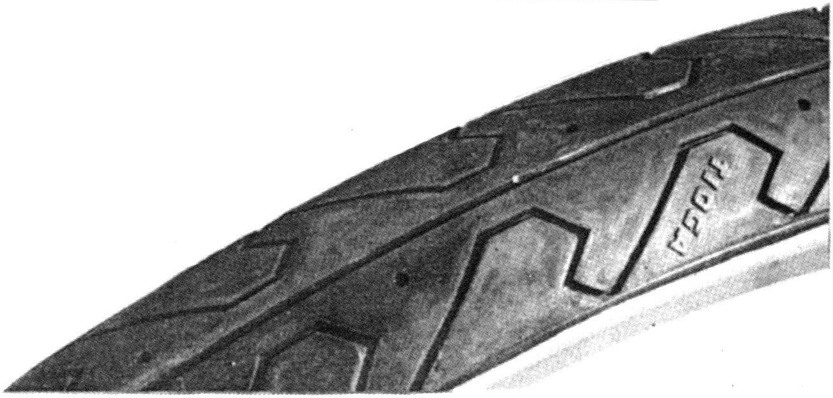

Abb.81 Tioga „Cityslicker" (Semislick-Reifen)

Wozu da dicke Profile? Hier ist der Trend eher entgegengesetzt: Hin zum glatten Profil. Auf trockener, glatter Straße bietet ein **Slick** - blank wie eine Glatze - die beste Traktion, erst bei Wolkenbrüchen wünscht man sich wenigstens ein paar Abflußrinnen in der Karkasse.

Slickreifen wie der Conti Avenue, Fat Boy von Specialized (genannt die Knackwurst), Avocet Fast Grip oder Tioga City Slicker sind bei uns gerade erst im Kommen. Die höllisch schnellen Glattreifen werden bald viele Freunde finden.

Breit oder schmal? Ein schmalerer Reifen zieht sicherer in die Kurve (wenn er keinen Mittelsteg hat). Er verursacht weniger Rollwiderstand. Er wiegt weniger. Das Spektrum geht heute von 1.50 bis 2.125, es lassen sich ganz gezielt feine Abstufungen treffen. Je höher der Anteil der Straßenkilometer ist, desto schmaler sollten die Reifen sein. Es lohnt sich nicht, wegen zwei Stunden Kiesgruben-Training den Rest des Monats über vollschlanken Reifen zu schwitzen. Andererseits: Echte Geländereifen müssen auch korpulent sein. Auf weichem Untergrund haben dünne Stollenreifen die fatale Tendenz, sich verbissen in den Boden zu fräsen. Will man das? Am meisten Spaß macht es, verschiedene Reifen zu kombinieren. Radsport-Versender Rolf Brügelmann favorisiert Stollenreifen hinten, Mittelsteg vorne; eine Kombination für harten Boden. Bei guter Traktion über das Hinterrad bleiben vorne Gabel, Lenker und Hände ruhiger. Im Sand fährt es sich umgekehrt besser. Vorne breit und nur mäßig aufgepumpt gibt große Laufruhe und Lenksicherheit, hinten schmal schafft noch erstaunlich viel Traktion. Ausprobieren! Nachstehend einige Kombinationen, die ich selbst fahre.

Fahrrad: Centurion Country
Vorne rollt ein gut profilierter Swallow 26 x 1.50 mit Mittelsteg, hinten der IRC All Terrain 26 x 2.00, ebenfalls mit einer (gebrochenen) Center Ridge. Eine relativ schnelle Kombination für leichtes Gelände und Hoppelpflaster.

Fahrrad: Longus Competition Pro
Der als Tourer aufgebaute Bolide ist ursprünglich mit dem kompromißlosen Treckerprofil des Tioga Farmer John (26 x 1.95) ausgestattet. Auf dem Hinterrad habe ich den fetten Reifen beibehalten. Vorn läuft jetzt der schlanke Specialized Cross mit kleinen Stollen im Format 26 x 1.50. Für eine etwas mehr straßenbetonte Version würde ich hinten ein gemäßigteres Profil mit 26 x 1.75 und vorn einen Center-Ridge-Pneu für die glatte Meile aufziehen, z.B. 26 x 1.75.

Fahrrad: Specialized Rockhopper
Den bunten Flitzer habe ich für tiefen Boden mit einer Vorn-Breit- und Hinten-Schmal-Kombination ausgerüstet. Den Kundschafter macht ein nur weich aufgepumpter Grobian von Panaracer: Fatrax, 26 x 2.02. Von hinten schiebt der Schmalstoller namens Crossroads mit 26 x 1.50, wenn auch eine Nummer dicker nicht schlecht wäre. Man merkt geradezu, wie sich das Rad in seinem Element wohlfühlt: Der Rockhopper wird zum Sidewinder und schlängelt sich wie eine Sandviper zwischen den Kakteen hindurch.

Fahrrad: Schauff Himalaya
Weil es sich so „easy“ fährt, habe ich das Rad mit dem ehrgeizigen Namen seiner Gebirgsausstattung (Farmer John) beraubt und stattdessen für Kantsteine und Häuserschluchten umgesattelt bzw. umbereift. Vorn schmatzt der Conti Town & Country mit 26 x 1.9 übers Pflaster, ein Semi-Slick mit großen, flachen Profilplateaus. Als Nachbrenner rotiert der Swallow Cruiser: 26 x 1.50 mit Mittelsteg.

Fahrrad: Giant Super Sierra
Das vornehme Rasserad dient mit den brandneuen Slicks Conti Avenue (26 x 1.75) als „City Racer“. Es sind die ersten einheimischen Glattreifen auf dem Markt. Die schnellen Nacktschnecken müssen prall aufgepumpt sein, um ihre Vorteile so recht zu entfalten - dann gibt es ein ganz neues

Fahrgefühl! Scharfkantige Treppen habe ich vorsichtshalber aus dem Programm gestrichen. Die Widerstandsfähigkeit der Slicks mag dafür vielleicht ausreichen, ist aber geringer als bei Stollenprofilen.

Eins sollte man nicht vergessen: MTB-Reifen kosten etwa zwischen 18 und 80 Mark. Und sie bringen z.T. sehr unterschiedliches Gewicht ans Laufrad (Michelin Hi-Lite 430 g, Surmount 1010 g!). Was hier an zusätzlicher Masse bewegt werden muß, kostet manch salzigen Schweißtropfen. Die Reifenwahl will also gut überlegt sein.

Zusammenfassung Reifenprofile
(bis auf Block und Slick auch mit Mittelsteg für Straßenbetrieb)

Profilform	*ideal für:*
Trecker	schwerer Schlamm
Block	sehr weicher Boden
Stern (Haus)	Schotter, Feldwege
Dreieck	feuchte Wiesen
Grinta	nasser Stein, Straße
Spikes	Eis
Slick	trockene Straße

Felgenpassung lautet das letzte Stichwort. Werfen wir einen Blick auf die Laufräder des Longus Pro. Die Araya RM 20 Felge hat 27 mm Außenbreite. Die massive Stollendecke Tioga „Farmer John" (26 x 1.95) ist beim angegebenen Minimaldruck von 35 psi 50,5 mm breit. Zu breit für diese Felge, meine ich. Von der Seite betrachtet, sind Felge und Reifen 63 mm hoch, davon entfallen ca. 17 mm auf die Felge, 46 mm auf den Reifen.

Besser sieht das Verhältnis aus beim Specialized Rockhopper. Auf den Saturae Felgen (26 x 1.50), 28 mm breit, sitzen Crossroads Pneus (26 x 1.50) mit einer gemessenen Breite von 39 mm. Seitliche Höhe: Felge 20 mm, Reifen 35 mm, insgesamt 55 mm. Beim Fahren wird man die zuerst beschriebene ungünstige Felgenpassung nicht unbedingt direkt spüren. Sie wirkt sich in der Neigung des Reifens aus, bei Kurven- oder Schräghangfahrten seitlich zu walken, das bedeutet „Schwimmen" und Energieverlust. Deshalb: Beim Reifenkauf die Felge berücksichtigen!

Reifenmodelle (Auswahl)

Fabrikat	*ERTRO-Norm*	*Zoll*
(Mit groben Stollen für mittleres bis schweres Gelände)		
Conti Grand Canyon	57-559	26 x 2.125
Conti Grand Canyon	50-559	26 x 1.90
IRC Blizzard		26 x 2.125
Michelin Surmount	54-559	26 x 2.125
Panaracer Ibex		26 x 2.0
Panaracer Ibex		26 x 1.5
Panaracer Fatrax		26 x 2.02
Specialized Ground Control (735 g)		26 x 1.95
Specialized Ground Control S (590 g)		26 x 1.95
Specialized Hardpack		26 x 2.2
Specialized Hardpack		26 x 1.50
Swallow Mountaineer	57-559	26 x 2.125
Swallow Mountaineer	47-559	26 x 1.75
Tioga Farmer John		26 x 1.95
Wolber Country	52-559	26 x 2.125
Wolber Country „Eis“ (Spezialkautschuk)		
(Mit mittleren Stollen und/oder Mittelsteg für leichtes Gelände, Feldwege, Straßen)		
IRC All Terrain	45-559	26 x 2.0
Michelin Interroute	44-559	26 x 1,75
Michelin Interroute	54-559	26 x 2.125
Panaracer Block		26 x 2.125
Panaracer Block		26 x 1.75
Panaracer All Terrain		26 x 2.125
Panaracer All Terrain		26 x 1.75
Panaracer Ridgeline		26 x 1.625
Specialized Crossroads II		26 x 1.50
Specialized Crossroads II		26 x 1.95
Swallow Cruiser	57-559	26 x 2.125
Swallow Cruiser	40-559	26 x 1.50

(Mit flachem/flächigem Profil für Stadt u.leichtes Gelände)

Avocet Fast Grip Slick		26 x 1.5
Avocet Fast Grip Slick		26 x 1.9
Conti Avenue Slick	47-559	26 x 1.75
Specialized Fat Boy Slick		26 x 1.25
Specialized Town+Country	50-559	26 x 1.90
Specialized Town+Country	57-559	26 x 2.125
Michelin Hi-Lite	37-559	26 x 1.50
Michelin Hi-Lite	44-559	26 x 1.75
Panaracer City		26 x 1.50
Panaracer City		26 x 1.75

Bremsen

Die Harten und die Zarten, das wäre ein passender Titel für einen Bremsenfilm. Kompromißlos in der Leistung, sanft zu dosieren, gutmütig auch im harten Dauerstreß. Und dabei natürlich möglichst wartungsfrei und wenig anfällig gegen Verschmutzung. Man ist sich einig, daß nur eine bestimmte Felgenbremse diesen Ansprüchen annähernd genügen kann: die **Cantileverbremse**. Das Prinzip ist durchaus nicht neu. Vor der Reiseräder-Welle war es ziemlich in Vergessenheit geraten, erlangte dann vor allem durch die Randonneurs eine gewisse Popularität. Aber erst durch das MTB kamen die Cantis ganz groß raus, weil andere Felgenbremsen hier gar keine Chance haben. Wollte man eine Seitenzugbremse über die fetten Reifen zwingen, so müßten die Bremszangen ungeheuer lang sein. Im Einsatz würden sie vor lauter Verwindung gar nicht zum Bremsen kommen. Out. Dagegen die

Cantilever-Pluspunkte:

- ✶ sichere Führung durch Montage auf Anlötsockel
- ✶ starre, kompakte Bremskörper
- ✶ günstige Hebelwirkung, hoher Anpreßdruck
- ✶ kurzer Weg vom Bremsgummi zur Felge
- ✶ leichtes Einstellen
- ✶ gleichmäßige Wirkung beider Seiten

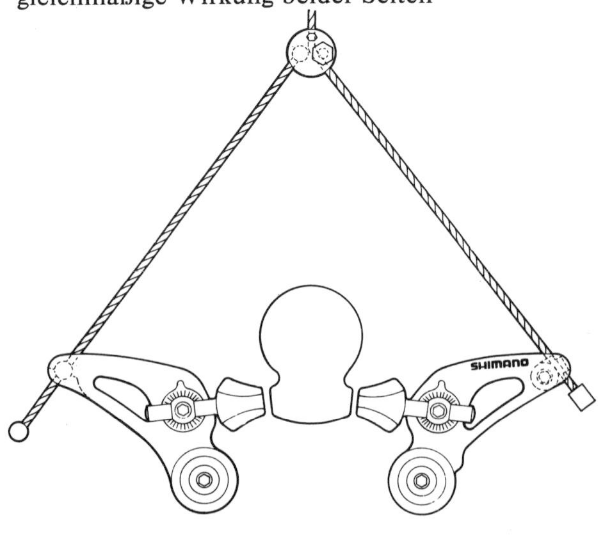

Abb.82 Perfekt fürs Gelände: Cantileverbremse

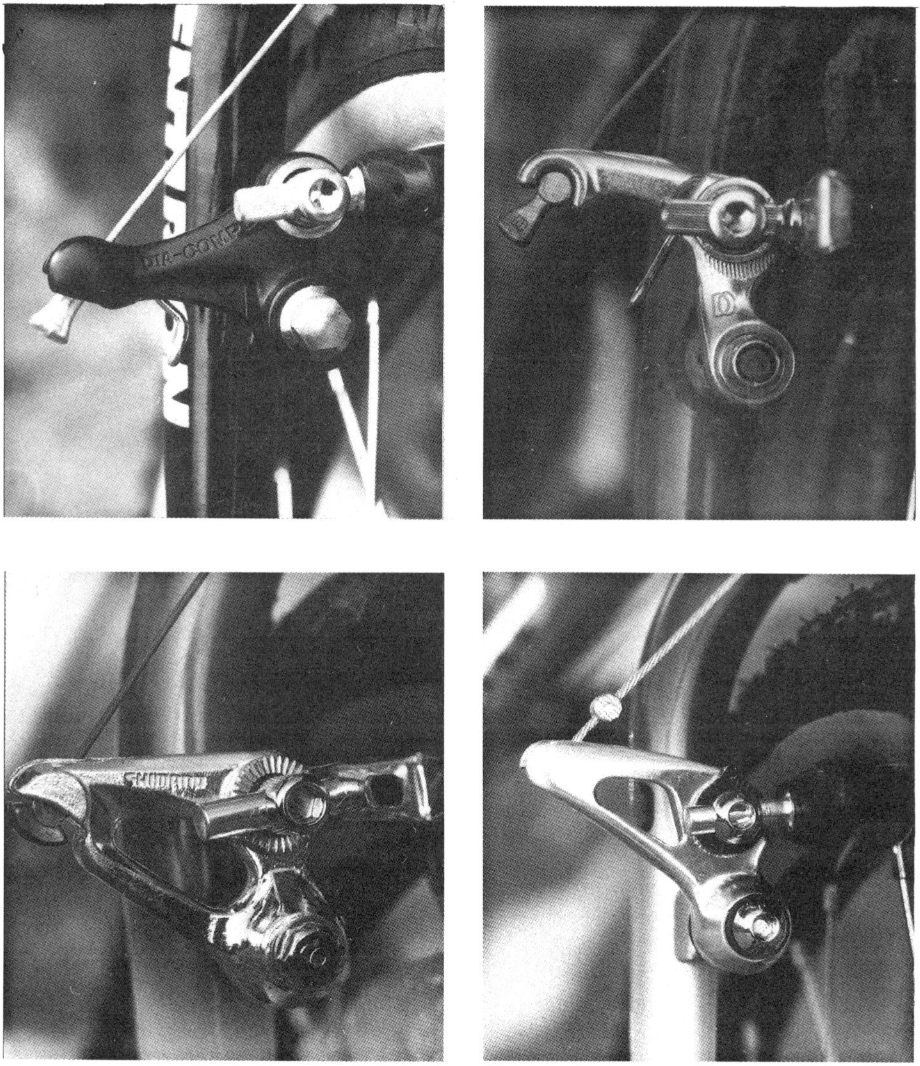

Es wird einem ja bald schon peinlich: Auch hier sind Shimano und SunTour mal wieder die Streber, aber andere bekannte Namen machen ihnen als koole Stopper den Rang streitig: Dia Compe, Modolo, Weinmann ...

Abb.83 Verschiedene Bremskörper (Shimano, DiaCompe)

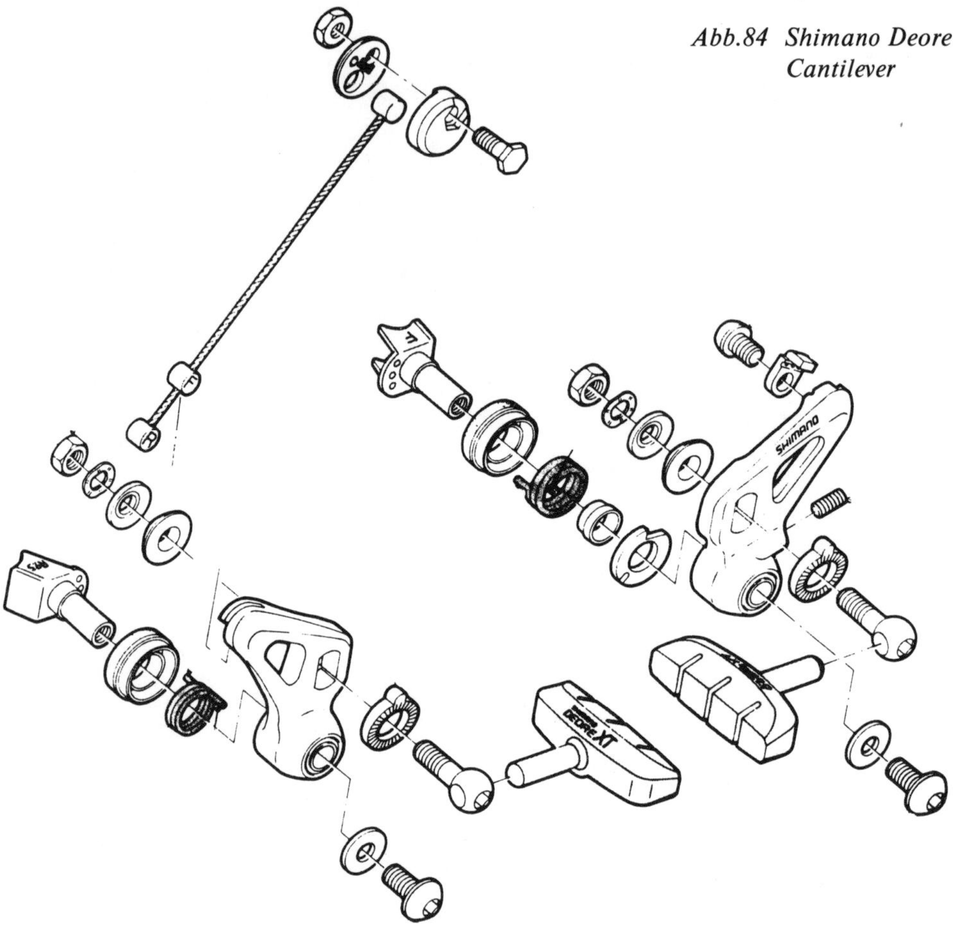

Abb.84 Shimano Deore XT Cantilever

Sehen wir uns die Shimano Deore XT einmal stellvertretend für die anderen an. Der matte Oberflächenglanz bedeutet geschmiedetes und poliertes Aluminium, im Gegensatz zur körnigen Oberfläche von druckgußgefertigten Teilen. Dreieckig-nüchtern ragen die Stummelarme nach außen - und sehen trotzdem nicht übel aus: Die Form folgt der Funktion. Von den Rückholfedern ist nichts zu sehen, in ihrem Gehäuse sind sie vor Matsch und Dreck sicher. Aber auch freiliegende Federn machen sich nicht viel daraus ... Am linken Bremskörper befindet sich eine 2 mm-Inbusschraube, mit welcher von außen die Federkraft auf dieser Seite eingestellt werden kann. Indirekt (über das Mittelkabel) wird dadurch auch die andere, nicht justierbare Bremse beeinflußt und eine Zentrierung erreicht. Exzellent ist die Befestigung der Bremsklötze gelöst. Durch eine ausgeklügelte Anordnung verschiedener unscheinbarer Scheiben *(siehe Explosionszeichnung)*, die es aber in sich haben, wird eine perfekte Ausrichtung der Bremsgummis ermöglicht.

Tip: Bremsgummi-Tuning
Fahrradkuriere sind nervöse Schnellbremser, Almradler packen bedächtig und treuherzig zu. Daher fahren (bzw. bremsen) sie am besten mit speziellen Bremsklötzen. Wer mehr auf Asphalt fährt, sollte kleine Bremsgummis benutzen, um mehr Kraft schneller auf die Felge zu bekommen. Im Gelände kommt es auf softes Bremsen an. Dafür sind die großen Standardklötze genau richtig. Kombinationen auszutüfteln macht am meisten Spaß. Große Gummis gehören auf die Hinterbremse, die im Gelände am meisten gebraucht wird und am ehesten zum Blockieren neigt. Kleinere (Weinmann, Kool Stop) am Vorderrad sorgen im Notfall für Vollbremsung. Das Vorderrad blockiert praktisch nie, stattdessen geht dann das Hinterrad in die Luft.

Hervorragende Weiterentwicklungen kennzeichnen auch die Bremsgriffe. Shimano und Sun Tour kommen im kraftvoll schwarzen Motorradlook einher, DiaCompe mit einem faszinierenden ergonomisch geformten Handgriff, der an den Knochenbau eines menschlichen Gelenks erinnert.

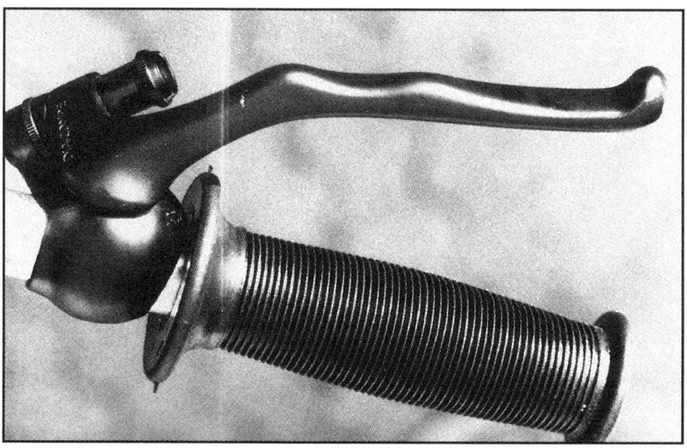

Abb.85 Ergonomischer Bremsgriff von Dia-Compe

Wie beim Shimano-Griff läßt sich auch hier die Griffweite einstellen, allerdings stufenlos (bei Shimano: vier Raststellungen). Zusätzlich ist auch die Rückstellfeder dreifach variabel, die Kabelspannung kann während der Fahrt mit der Rändelmutter korrigiert werden.

Montage des Bremshebels (Shimano)

1. Bremshebel am Lenker fixieren *(Abb.86)*

2. Kabel (2mm stark) durch Kabelhülle (6 mm) ziehen

3. Die Schlitze in Kontermutter (Kabelmutter) und Einstellschraube („Kabelhülleneinstellschraube", sakramentnochamal können die sich bei Shimano keinen vernünftigen Texter leisten???) auf den Schlitz im Bremshebel ausrichten, Kabel hindurchführen und einhängen. Geschlitzte Schrauben erstmal verdrehen, damit das Kabel nicht wieder rausrutscht *(Abb.87)*

4. Zum Einstellen der Griffweite (4 Positionen) Hebel leicht anziehen und „Breitschlitzschraube" auf der Unterseite des Hebels drehen *(Abb.88)*

86

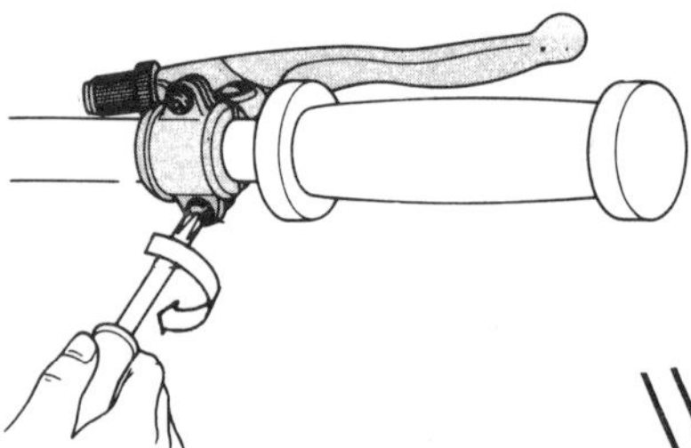

88

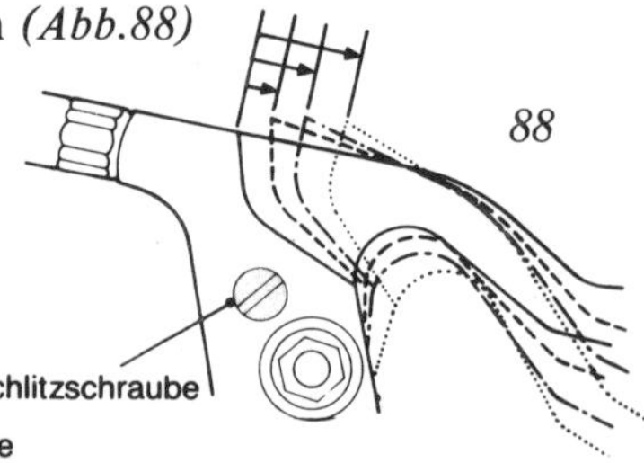

87

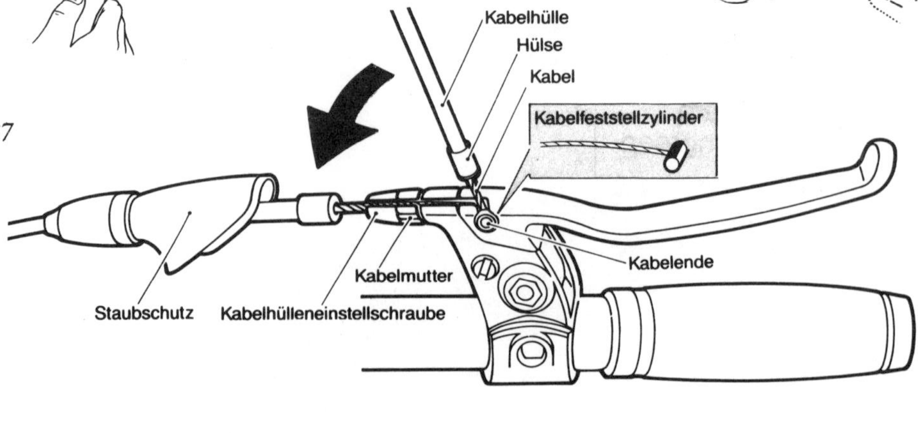

Einstellen der Canti-Bremse (Shimano)

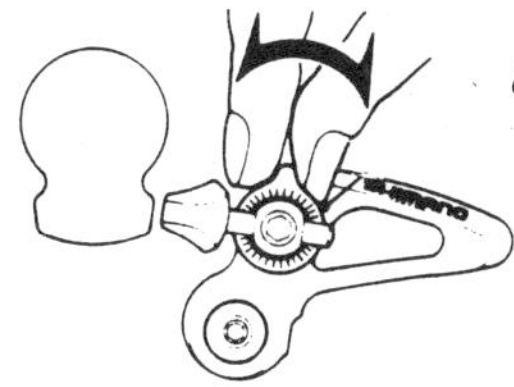

89

(Draht ist noch nicht eingehängt)

1. Mutter der Bremsschuh-Halterung lösen (mit 5 mm Inbus gegenhalten). Nippel der schwarzen Justierscheibe steht oben. Beschriftung auf dem Bremsgummi weist nach oben *(Abb.89)*

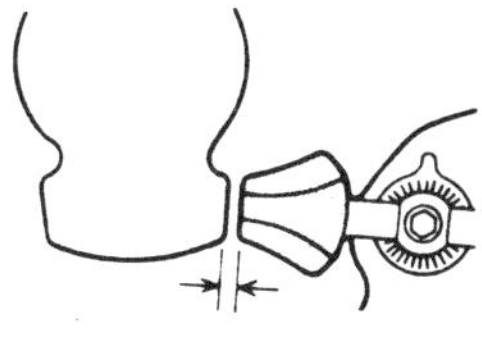

90

2. Bei etwa waagerecht stehendem Bremskörper wird der Bremsschuh eingestellt:
   a. **parallel** zur Felge (von vorn gesehen) *(Abb.90)*,
   b. **mittig** (von der Seite aus) *(Abb.91)* und
   c. **schräg** in Laufrichtung auf die Felge weisend (von oben gesehen) *(Abb.92)*. Die Schrägeinstellung, durch die sich das Bremsgummi beim Anbremsen plan an die Felge zieht, wird durch Drehen der schwarzen Justierscheibe erreicht

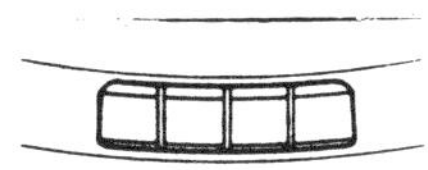

91

3. In dieser Position behutsam fixieren (mit Inbus gegenhalten, Mutter festziehen)

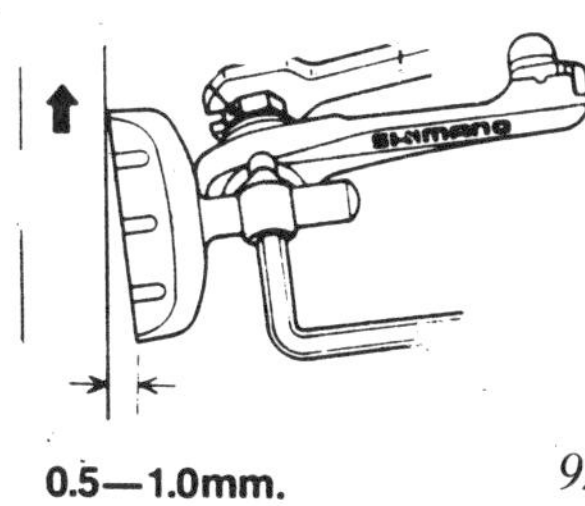

92

Bremskabel montieren

1. Kontermutter am **Bremsgriff** lösen, Einstellschraube 4 mm herausdrehen *(Abb.93)*

2. Einhängekabel mit innerem Nippel in rechte Bremse (Fahrtrichtung) einhängen, Zugkabel durch runden Kabelträger führen und in die Klemmvorrichtung der linken Bremse einfädeln *(Abb.82, 84)*

93

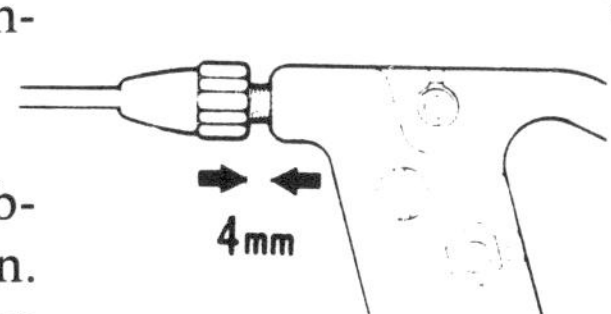

3. Bremsbacken mit „Dritter Hand“ oder einer Schraubzwinge oder durch einen Helfer an die Felge halten. Zugkabel anziehen und mit Klemmschraube festziehen

4. Einstellschraube am Bremsgriff wieder ganz hineindrehen. Kabelträger hochschieben, bis Einhänge- und Zugkabel gleich lang sind. Kabelträgerschraube festziehen

5. Alle Schrauben kräftig nachziehen, letzte Feineinstellung am Bremshebel

6. Gleichmäßigen Biß der beiden Bremsbacken durch seitlichen Federkrafteinsteller zentrieren (2 mm Inbus) *(Abb.94)*

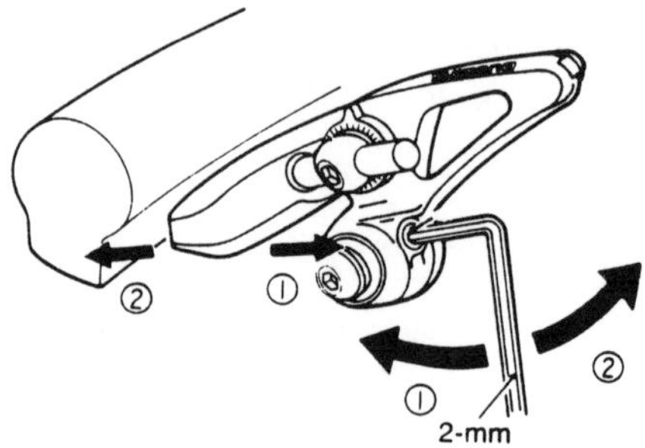

7. Überstehendes Ende des Zugkabels abkneifen (nicht zu kurz) und mit Hülse oder Lötzinn glattmachen

Achtung: Für Schutzbleche stehen die Kabel i.d.R. zu niedrig. Man kann sich helfen, indem man den *äußeren* Nippel des Einhängekabels als Anker nimmt, entsprechend länger wird dann auch der untere Abschnitt des Zugkabels

Bremshebelmontage (DiaCompe Advantage 290)

1. Hebel mit Bolzen **1** am Lenker fixieren (5 mm Inbus) *(Abb.96)*

2. Kabel durch Drehen der Einstellschrauben **2** in Pfeilrichtung spannen *(Abb.97)*

3. Griffweite stufenlos mit Rändelmutter **3** einstellen *(Abb.98)*

4. *Federkraft justieren (Abb.99):*
   a. Sicherungsbolzen **4** etwas lockern (5 mm Inbus)
   b. Justierscheibe **5** so drehen (16er Maulschlüssel), daß die gewünschte Markierung auf die kreisförmige Vertiefung **6** zeigt. I = schwache, II = mittlere, III = starke Spannung
   c. Sicherungsbolzen festziehen. That's it!

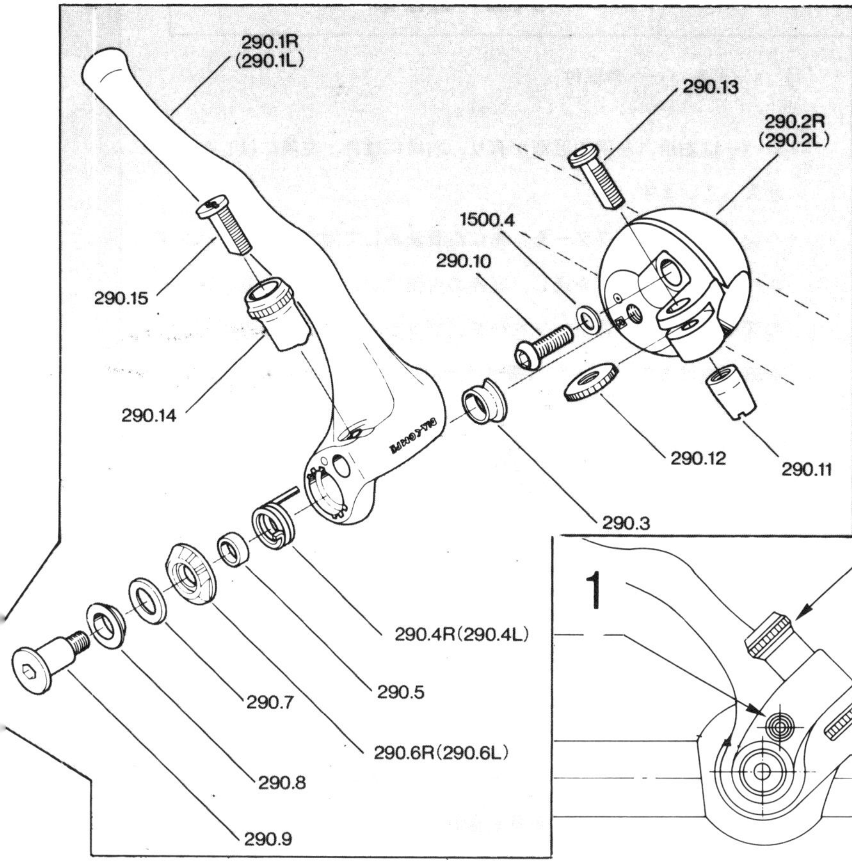

Abb. 95

Aufbau des DiaCompe Bremshebels

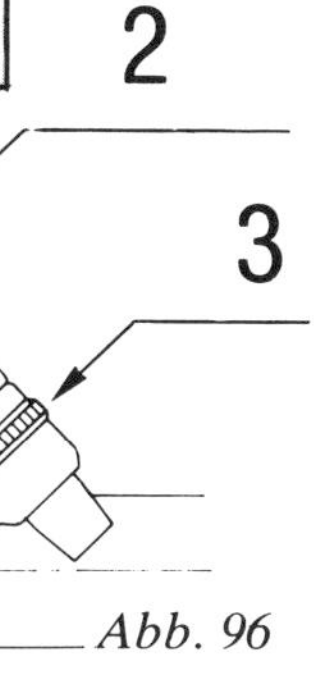

Abb. 96

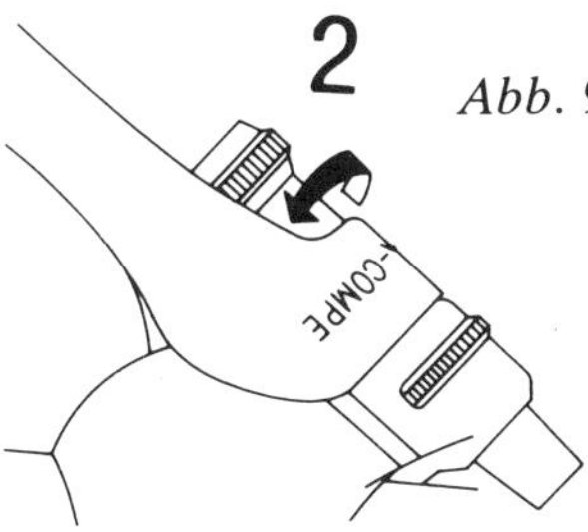

Abb. 97

Abb. 98

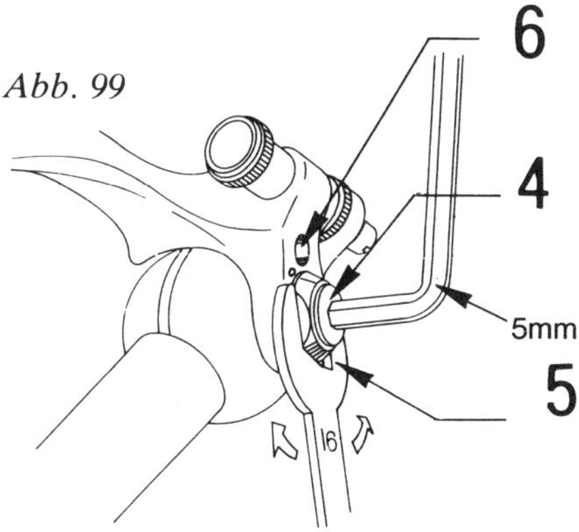

Abb. 99

Ein eigenständiges Bremsprinzip verkörpern die **Bottom Brakes**, die ein unauffälliges Dasein unten am Tretlager führen. Es handelt sich um einen Zwitter aus Mittelzug- und Canti-Bremse mit mächtiger Hebelkraft. Wegen der zupackenden Wirkung ist die Anbringung an den Hinterstreben erforderlich, die wesentlich dicker und verwindungssteifer sind als die Sitzstreben. Allerdings ist diese Befestigung dicht über dem Boden so schmutzanfällig, wie es nur geht. Auch bei Schnee kann sich der Bremsmechanismus schnell dichtsetzen. Die ausgezeichnete Leistung der Bottom Brakes geht mit einem weiteren, wenn auch kleinen Nachteil einher: dem Verlust der universellen Austauschbarkeit der Teile. Die Anlötsockel taugen nur für das jeweilige Modell - Shimano U-Brake, SunTour Power Cam oder DiaCompe Power Brake, wogegen normale Cantilever-Sockel immerhin fünf bis sechs beliebige Fabrikate zulassen (am GT Avalanche z.B vertragen sich Sun Tour Bremsgriffe vorzüglich mit Dia Compe Cantilevern). Konstruktion und Funktion der bulligen, vollgekapselten U-Brake von Shimano gilt als das Beste auf dem Markt. Sie bringt die Gummis auf direktestem Weg an die Felge und verdreckt am wenigsten. Abweichend davon arbeiten die verschiedenen Varianten der interessanten SunTour Power Cam mit einem Steuerstück (cam), das über eine Rollenführung beide Bremsarme gleichmäßig auseinander- und damit die Bremsklötze an die Felge preßt. Faszinierende Technik, aber recht anfällig gegen Verschmutzung. Ein kräftiger Schlag von unten, etwa durch eine hochgeschleuderte Prärie-Auster, kann bei der leichteren XC Sport 7000 schon mal die Rollen aus der Führung springen lassen. Die XCD 6000 ist dagegen trotz allem eine Klassebremse. Bottom Brakes von SunTour sind idiotensicher einzustellen (Kabel anziehen und am Steuerstück festklemmen). Ebenfalls von zupackendem Wesen: Das Flaggschiff von Dia-Compe, AD 992. Deren Advantage Power Brake dagegen, eine Konstruktion mit insgesamt sechs Gelenken, ist für diese Bauweise viel zu lang und fällt in der Wirkung gegen die vorgenannten ab.

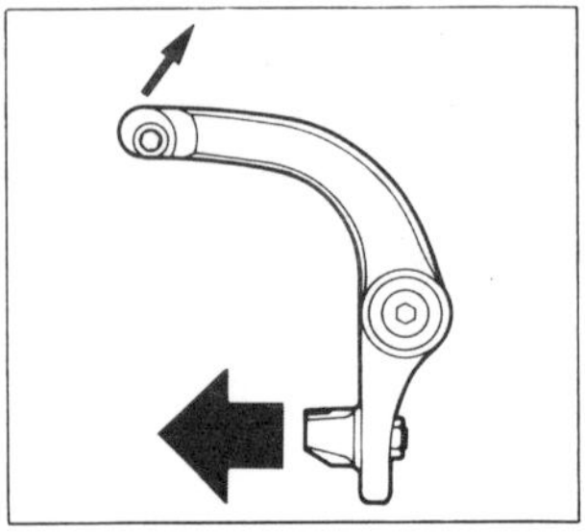

Abb.100 Langer Hebel, kurzer Weg: U-Brake

Abb.101 Power Cam (SunTour)

Abb.102 Bottom Brake AD 992 (DiaCompe)

Einstellen der U-Brake (Shimano)

1. Bremsschuhe ausrichten wie bei Canti-Bremsen beschrieben (ist mit ziemlich viel Fummelarbeit verbunden, Abb.103). Nach Möglichkeit sollte der Bremsschuh im oberen Teil des Schlitzes befestigt sein *(Punkt 3 in Abb.104)*

2. Kabelbrücke so am Kabel anbringen, daß mindestens 20 mm Luft in Richtung Bremsgriff ist (**1**). Zwischen Tretlager und Kabel soll mindestens 4,5 mm Zwischenraum sein (**2**) *(Abb.104)*

3. Bremsbacken anlegen (Dritte Hand o.ä.). Mittelzugkabel einhängen, durch Kabelbrücke führen und im anderen Bremsarm befestigen. Kürzen und versäubern. Kabelbrücke in die Mitte schieben

4. Bremse mit Federkraft-Einstellschraube justieren *(Abb.105)*. Fertig!

Achtung: Nur im Notfall ins Eingemachte gehen, d.h. Rahmenbolzen lösen usw. Dabei dann auf korrekte Federstellung und Kappenmontage (kleine Abbildungen in *Abb.106*) sehen

Abb. 103

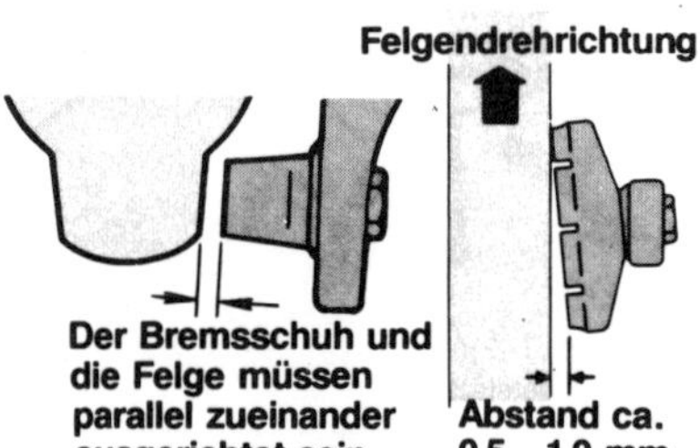

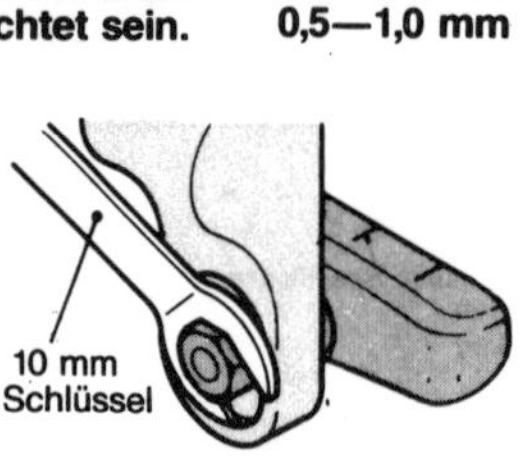

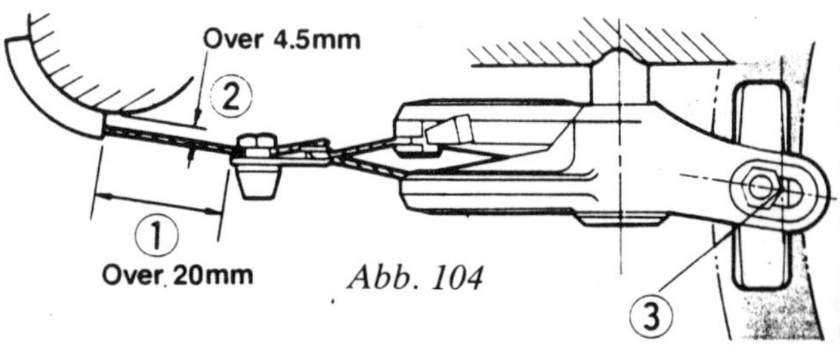

Abb. 104

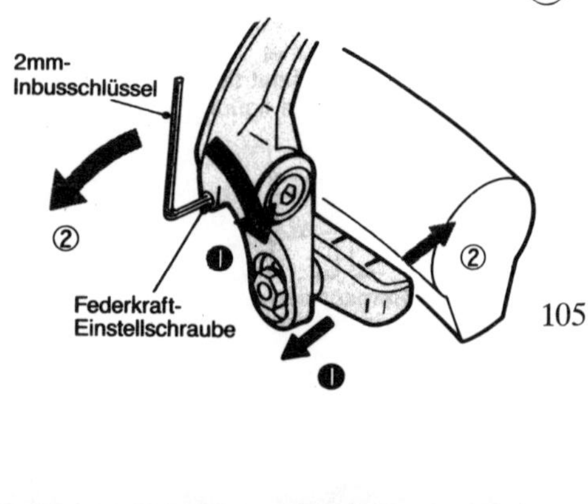

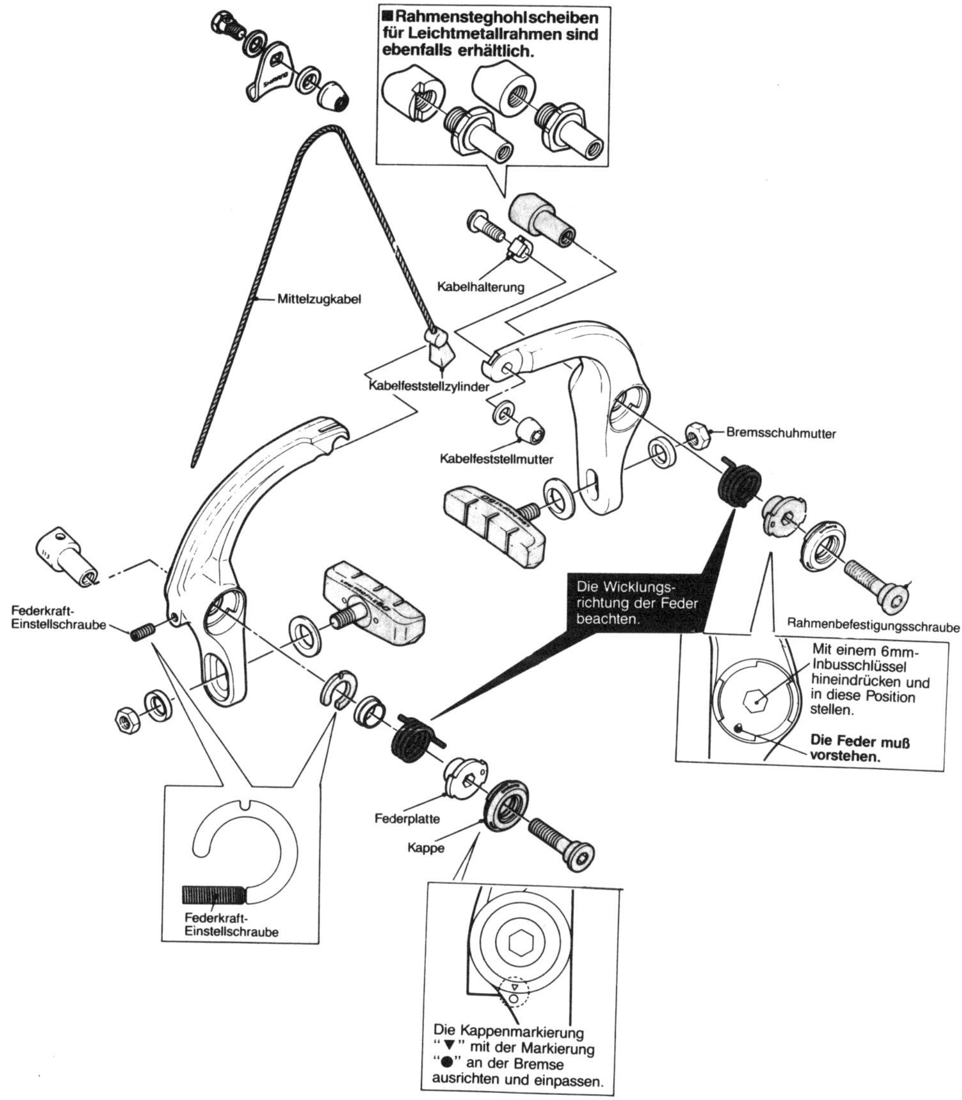

Abb.106 Aufbau der U-Brake (Shimano)

Die erneuernde Wendepolitik der Cantilever-Bewegung hat auch bei **Kabelführungen, -widerlagern und -brücken** Neues geschaffen. Viele Vorbauten sind mit einem Loch versehen, in dem die Kabelhüllen endet und nach unten das Zugkabel für der Vorderbremse austritt: einfach und effektiv. Raffinierter der hohle Vorbau mit innenverlegtem, über eine Rolle umgelenkten Kabel. Aber auch der über dem Steuerkopf montierter massive Kabelhalter ist eine wahre Freude. Die bekannte Weinmann Semiautomatik, eine Halterung mit einer griffigen Einstellschraube zum Nachregulieren, erleichtert „dezenten" Fahrern das Handwerk. Das heißt, ideal für Spazierfahrten, nicht geeignet für Draufgänger.

Ich habe mich immer gefragt, warum Kabelbrücken (das Bindeglied zwischen Zug- und Verbindungskabel) nicht

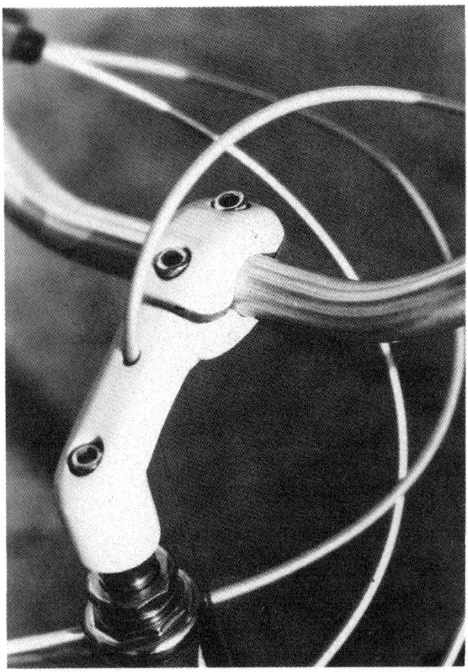

Abb.107 Kabel-Widerlager im Vorbau

Abb.108 Bremskabel-Rollenführung am Vorbau

grundsätzlich mit einer Laufrolle versehen sind. Die normale, aus Blech gebogene Brücke setzt dem Verbindungskabel zuviel Reibung entgegen und stört die Federbalance zwischen linkem und rechtem Bremskörper. (Die einzige Abhilfe: etwas aufbiegen, glattschmirgeln und ölen, ölen, ölen). Inzwischen sind viele Rollenhalterungen zu sehen - doch auch hier auf Qualität achten! Ausgezeichnet die Dia-Compe Kabelbrücke mit Schnellauslöser, der über einen verborgenen Exzenter das Bremskabel entspannt. Eine sehr gute Lösung ohne bewegliche Teile hat Shimano gefunden. Hier geht das Zugkabel ganz bis zur linken Bremse durch und wird dort verankert, während das kurze Kabel von der rechten Seite her am Zugkabel verankert wird. Auch diese Klemmung ist technisch überaus sauber gelöst.

Abb.109 Kräftiges, sauberes Widerlager am Steuersatz

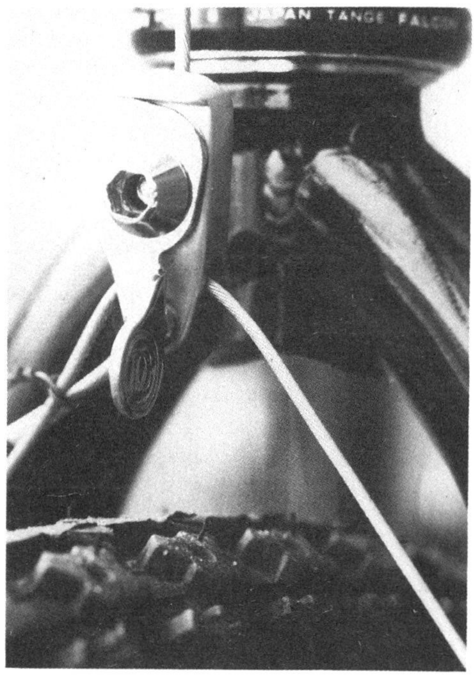

Abb.110 Kabelbrücke mit Schnellauslöser (DiaCompe)

Wenn dich das Bremseneinstellen frustriert, weil trotz all der feinen Mechanismen eine Seite stärker zieht als die andere - nimm es mit Gelassenheit. Passiert jedem, nur geben es nicht alle zu.

Wegen des einzigen echten Schwachpunkts der Felgenbremsen, der schlechten Verzögerung bei Nässe, haben auch **Trommelbremsen** beim MTB ein Reservat. Die geschlossene Bauweise macht sie witterungsunabhängig, steht jedoch einer effektiven Kühlung entgegen. So beginnt das gefürchtete Fading (Schwinden der Bremskraft) nicht erst bei stundenlangem Bremsen auf aberwitzigem Gefälle, sondern bereits bei konstantem Bremsen. Auch das Gewicht spielt eine Rolle, ebenso der ungünstige Angriffpunkt an der Nabe (wirksamer bremst es sich am Radumfang, d.h. an der Felge). Dabei wirkt die gesamte Bremskraft nur auf eine Gabelscheide. Eine letztes Gegenargument: Die Gesamtqualität einer gängigen Trommelbremsnabe erreicht bei weitem nicht die „Laufkultur" (was würde Goethe zu diesem Wort sagen?) z.B. einer SunTour-Nabe. Ihre Domäne haben die Trommelbremsen - bei uns meist Fichtel & Sachs - bei den City Bikes, wo sie in der Tat am Platz sein können, oder als Drittbremse. Mit Steelite stellt Sturmey Archer eine neue Serie der bekannten 70 mm-Trommel vor. Interessant für uns könnte die VR-Bremse SBF (als Zusatzbremse) sowie die HR-Bremse SBR mit Mehrfachzahnkranz sein. Alle zeigen bewährte englische Qualität in ansprechendem Mattschwarz. Auf der MTB-Dolomiten-Rallye 1987 sah man ein Hercules-Rad, bei dem die vordere F & S Trommelbremse mit einer Cantilever kombiniert war (ein Hebel, zwei Züge). Zweifellos ein interessanter Ansatz, bei dem man aber nicht über die gewaltige Beanspruchung hinwegsehen darf, mit der Gabel und Speichen fertigwerden müssen.

Seit langem haben sich Techniker um eine funktionstüchtige Öldruckbremse für Fahrräder bemüht. Ein ATB von Nöll ist damit ausgerüstet (Kapitel „Modelle").

Rubbelrollen und Steinschlaggitter: Trouble mit der Beleuchtung

Arnd Bentlin wurde immer blasser. Das konnte doch wohl nicht daran liegen, daß er seinen Berufsalltag (zu dem unter anderem die Gestaltung der Moby Dick Bücher gehört) durch Spritztouren mit dem „Kuwahara Mountain Lion" belebte? Aber es hatte tatsächlich damit zu tun. In jenem niedersächsischen Dorf nämlich wird „law and order" durch eine äußerst pflichtbewußte Gendarmerie verkörpert. Unser Herr A.B. aus T. befürchtete zu Recht, daß ein beleuchtungsloses Fahrrad zu schneidenden Verwarnungen und schmerzlichen Geldbußen führen würde. So drückte er sich scheu durch Nebenstraßen, zuckte bei jeder grün-weißen Farbkombination zusammen; kurz: So konnte es nicht weitergehen.

Dieses Problem dürfte sich, wenn auch nicht immer so massiv, den meisten Bikern stellen. Wie ist die rechtliche Situation? Sowie das Fahrrad sich außerhalb eines Privatgrundstücks, eines Sportgeländes oder einer behördlich genehmigten Sportveranstaltung bewegt, unterliegt es den Beleuchtungsvorschriften der StVZO. Vorgeschrieben sind:

Scheinwerfer
Rücklicht
Dynamo
Speichenreflektoren
Pedalreflektoren

Die „aktive" Beleuchtung, also Lampen und Lichtmaschine, müssen zudem die Schlängellinie des deutschen Prüfzeichens aufweisen, Batterie- und Akkulampen sind nur als Zusatzeinrichtungen erlaubt. Ich habe allerdings noch nie erlebt, daß diese Vorschrift auch kontrolliert wurde. Schließlich ist sie des denkenden Mitbürgers auch unwürdig, kommt es doch in Wirklichkeit auf das funktionierende Licht an. Fazit: Beleuchtung muß ans Rad, aber der Himmel ist hoch, und der Zar ist weit.

Warum werden fast alle MTBs ohne Lichtanlage geliefert? In den USA begnügt man sich mit nur je einem vorderen und hinteren Reflektor. Diese Art passiver Notbeleuchtung findet sich gelegentlich auch hier an Importmodellen (z.B. beim „Rockhopper" von Specialized), ist allerdings vollkommen überflüssig und darf gleich abmontiert werden. Als eigentliche Beleuchtung kann man die Glitzerplatten nicht bezeichnen; sie werden bei keiner Fahrradkontrolle akzeptiert. Hintergrund dieser amerikanischen Besonderheit ist die Tatsache, daß Nachtfahrten dort einfach unüblich sind. Das Fahrrad - besonders das ATB - wird in erster Linie als Sportgerät angesehen. Jeder, der es abweichend auch bei Dunkelheit nutzen will, kümmert sich selbst um eine adäquate Beleuchtung. Eine sympathische Lösung, die natürlich wieder zu den interessantesten Lichtanlagen führt wie batteriegespeisten Halogen-Doppelscheinwerfern mit blitzendem Rücklicht...

Ist die amerikanische Herkunft *ein* Grund, so kann man in der Bequemlichkeit deutscher Importeure, Hersteller und Händler den zweiten vermuten. Ein Rad ohne Beleuchtung ist schneller zu montieren und billiger. Was tun? Ich plädiere für eine effektive Beleuchtungsanlage; das Prüfzeichen halte ich persönlich für zweitrangig. Eine funktionierende Batterielampe ist besser als ein durchrutschender Dynamo.

Läßt sich ein normaler Dynamo einsetzen?
Die übliche Lichtmaschine mit dem geriffelten Reibrad hat nur wenig Chancen, unsere Holterdipolter zu schmücken. Theoretisch wäre die Anbringung an der Hinterstrebe denkbar - die Vordergabel ist zu dick und durch die Cantileverbremsen besetzt. In aller Regel verbietet sich die Benutzung des Seitendynamos jedoch durch das Stollenprofil. Anders mag es höchstens bei City- oder Touring Bikes mit zivileren Reifen aussehen.

Walzendynamos - für einige Reifen optimal
Die Frage, ob sie MTB-tauglich sind, läßt sich mit einem eindeutigen Jein beantworten. Zwei Gegebenheiten schließen ihre Verwendung jedenfalls aus: ein grobes Stollenraster und eine hinter dem Tretlager montierte Bremse (Power Cam, U-Brake o.ä.). In letzterem Fall wäre es zwar denkbar, den Dynamo an der Hinterstrebe zu befestigen (Pletscherplatte, am besten jedoch per Eigenbau) - das geht jedoch nicht, wenn sich dort ein Schutzblech befindet.

Angenommen, der Tretlagerbereich ist frei, so laden verschiedene Reifen zur Benutzung der Walze ein. Dazu gehören solche mit **flachem Profil**, bei denen die Lauffläche des Dynamos nicht zwischen den einzelnen Stollen „abstürzen" kann. Decken mit **Mittelsteg (Center Ridge)** sind bestens geeignet. Der glatte Gummikamm, der die Walze antreiben soll, ist beim Swallow „Cruiser" (26 x 1.75) z.B. 7 mm breit, beim Wolber 26 x 2.125 sogar 11 mm. Das reicht für die Reibwalze allemal aus. Die dritte für Walzendynamos passende Kategorie sind Stollenreifen, die statt einer Center Ridge eine Kette von **versetzt aneinandergefügten Stollen** aufweisen. Das ist z.B. beim Spezialized „Crossroads", 26 x 1.50, der Fall (Abb.74). Auch hierauf läuft die Rolle, ohne zu knattern.

Walzendynamos arbeiten reifenschonend und leise, können keinen Gefahren heraufbeschwören (wie der lokkere Seitendynamo, der eines Tages in die Speichen kippt) und funktionieren auch noch bei Dreckwetter. Deswegen sind sie in den letzten Jahren immer beliebter geworden. Bei der Auswahl des richtigen Modells gibt es ein überaus wichtiges Kriterium: die **Leistung bei niedrigen Geschwindigkeiten**. Hier versagen viele, wogegen sie dann mit Spitzenwerten bei 30 km / h glänzen. Das ist aber für normale Einsatzbedingungen unerheblich und macht für Halogenlampen gar einen Überspannungsschutz erforderlich. Die Vergleichswerte (Leistung in Watt) wurden 1986 von der „IG Velo beider Basel" ermittelt.

Leistung bei	Sanyo	Soubitez	Union
5 km / h	0,30 W	0,85 W	1,15 W
15 km / h	2,00 W	2,85 W	3,40 W
30 km / h	4,35 W	4,00 W	4,50 W

111 Perfekt: Walzendynamo 8601 (Union)

Nachdem ich schon ziemlich früh auf Walzendynamo umgestiegen bin und die drei oben erwähnten Modelle getestet habe, steht der Union 8601 für mich an erster Stelle, dicht gefolgt von Soubitez. Er stellt eine gelungene Mischung dar aus einfacher Mechanik und ausgezeichneter Elektrik. Nebenbei hat er die griffigste Lauffläche und läuft sehr leicht.

Speziell für Mountain Bikes: Felgendynamo

Eine Fahrradinnovation, über die sich Technikfreaks freuen dürfen, verkörpert die bullige Lichtmaschine von Sanyo. Erfreulich deshalb, weil sie beweist, daß auch ganz neue Lösungen möglich sind. Der Dynamo läuft nicht am Reifen, sondern seitlich an der Felgenschulter. Gut, nicht? Das Ding ist schwer, aber es läuft noch leichter als der ansonsten unschlagbare Union- Walzer! Erfreut nimmt man die schweren, schwarzen, sauber gearbeiteten Halterungsteile zur Hand. Drei verschiedene Schellenkombinationen gewähren für jedes Rad die richtige Anbringung. Eventuell ist die Montage an der Vordergabel unterhalb der Cantis möglich, sonst an der Sattelstrebe.

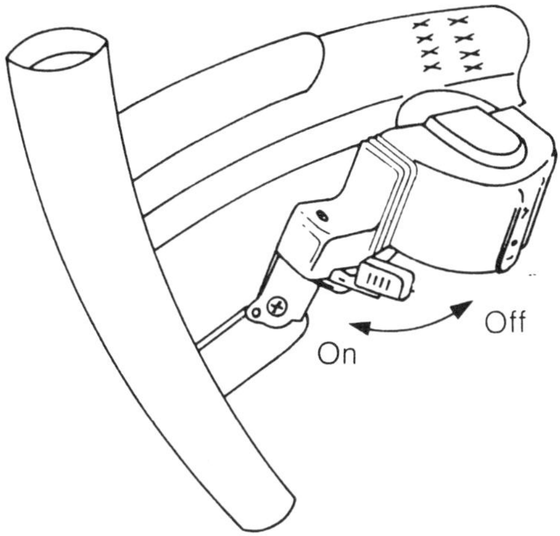

Abb.112 Sanyo Felgendynamo

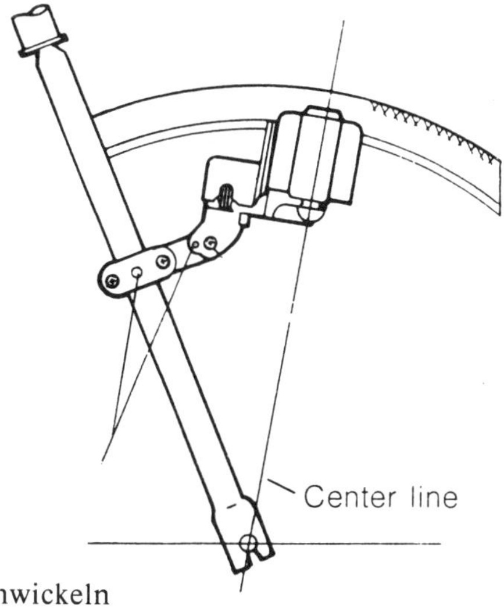

Abb.113-114

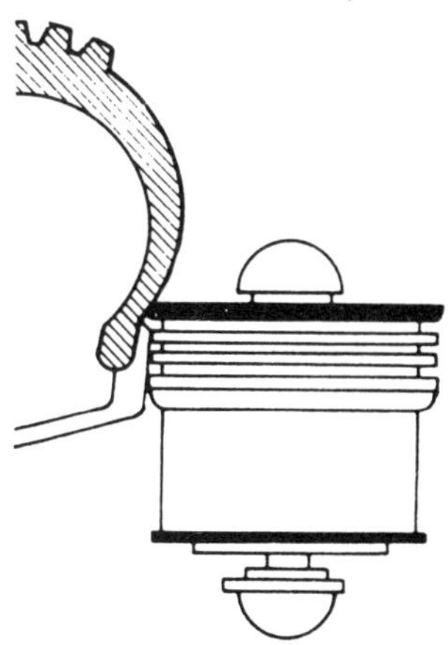

Montagehinweise für Felgendynamo

1. Rahmenrohr am Schellensitz mit Isoband umwickeln
2. Kunststoffabdeckung des Dynamos entfernen (Vorsicht, die kleine Kreuzschlitzschraube sitzt sehr fest und ist schnell vergniedelt)
3. Madenschraube für Massekontakt herausschrauben
4. Dynamo so montieren, daß a. seine Mittelachse zur Laufradachse weist *(Abb.113)* und b. die obere Gummikante am Reifen, die Laufwülste an der Felge anliegen *(Abb.114)*
5. Madenschraube am Dynamo fest in die Schelle schrauben
6. Die Madenschraube am Schellensitz verwende ich nicht, weil mir die schöne Lackierung zu schade ist. Stattdessen führe ich ein Erdungskabel von der Schelle bis zur nächsten Rahmenschraube (z.B. Ausfallende)

Scheinwerfer und Rücklicht

Hier gibt es wohl auch für Puristen nichts zu empfehlen, was nicht auch einem normalen Fahrrad gut anstehen würde: stabile Lampe, Rücklicht mit Reflektor und evtl. Schutzbügel. Halogen ist zwar teurer, aber ganze Dimensionen besser als normales Licht. Es hält länger und ist inzwischen technisch ausgereift. Die BMX-Lampe von Union mit einem Steinschlag-Gitter hat eine Marlborough-Optik, die irgendwie zum MTB paßt. Aber wer nicht gerade einer Geröll-Lawine entgegenradelt, wird den Nutzen der Plastikvergitterung nur zögernd erkennen. Union hat genug anderes ordentliches Leuchtzeug.

Standlichteinrichtungen

werden vom Gesetzgeber - wer auch immer dieses phantasielose Wesen sein mag - nur als Zusatzsysteme akzeptiert. Für uns sind die Akkus deshalb interessant, weil sie auch ohne Dynamo den Strahlemann machen. Nachteilig sind 1. die Kosten, 2. Umfang und Gewicht der Anlage (zu der nicht allein der gewichtige Akku, sondern auch ein Ladegerät gehört), 3. die Klau-Anfälligkeit (es sei denn, man steckt das Aggregat bei jedem Halt in die Tasche). Der ESGE-Akku, zu montieren am Vorbau oder an den Sattelstreben, hat mit dem Dynamo nichts zu tun. Er wird angeschaltet, wenn man kräftesparend und lautlos fahren bzw. auch im Halten Licht haben möchte. Volle drei Stunden erhellt er das nächtliche Dunkel, dann will er wieder über die Steckdose aufgeladen werden. 150 Mark kostet das Gerät. Der handliche Akku von Union funktioniert anders. Im Stand und bei Langsamfahrt übernimmt er bis ca. 8 km / h die volle Beleuchtung, ab da denkt er mit und schaltet elektronisch auf Dynamo um (ganz ohne Dynamo bringt er ca. 60 Minuten Leuchtkraft). Etwa ab 20 km / h speist der Dynamo überschüssige Leistung in den Akku ein. Wenn das nicht reicht, muß wieder die Steckdose herhalten. Das ist schlechthin genau das, was man braucht!

Diese beiden Anti-Blindschleichen-Geräte sind für die Besitzer von Kletterrädern interessant, weil sie auch da Erleuchtung bringen, wo man nicht *dynamisch* sein kann oder will.

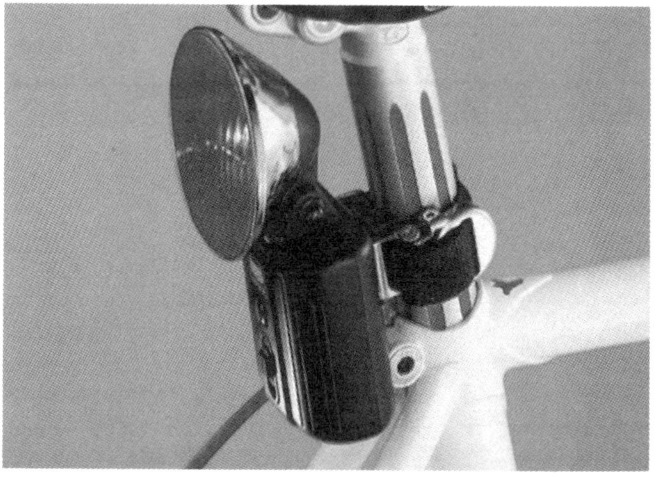

Abb.115 Batterieleuchte (Cat Eye)

Batteriebeleuchtung
Wie schon erwähnt, vermitteln sie das prickelnde Feeling der Illegalität: kompakte, formschöne, griffige Batterielampen. Die Anbringung könnte eine Spur fester sein, aber die Geräte sind ausgezeichnet. Am bekanntesten sind die Produkte von Cat Eye. Es gibt auch einen Nachbau, der beinahe genauso aussieht, aber auch genauso teuer ist (Stück 18 Mark). Batterielampen fürs MTB sind in meinen Augen eine ausgezeichnete Lösung, wenn man nur für den Fall der Fälle auf eine nächtliche Fahrt vorbereitet sein will, aber kein luziferisches (der Lektor wollte dieses Wort streichen, aber Luzifer heißt „Lichtbringer"!) Zubehör am Rad installieren möchte. Das darf nicht darüber hinwegtäuschen, daß die Lichtausbeute kärglich ist. Im Scheinwerfertest von 1988 ermittelte die „IG Velo" folgende Vergleichswerte (Auswahl):

Scheinwerfer-Lichtwerte in 10 m Entfernung	
IKU Halogen	22 Lux
Union Halogen 100H	12 Lux
Sanyo Krypton	6 Lux
Soubitez 805	6 Lux
Sanyo Mini	4 Lux
Union 6840 Mini	2 Lux
Cat Eye Batterie	1 Lux

Die trüben Lämpchen haben aber bei unserem Freund A.B. aus T. alles zum Guten gewendet. Man muß nur eine Rolle Isolierband dabeihaben, um sie rüttelsicher festzuzurren. Die Gurtbefestigung löst sich bei starken Fahrvibrationen.

Das individuelle All Terrain Bike

Dein teures Superbike ist auf jeden Fall ein aufsehenerregendes Stück. Aber ich zweifle keinen Moment daran, daß du schon nach Höherem strebst. Denn individuell wird der Bock doch erst durch ein paar ausgeflippte Teile. Einige davon sind echte Praxishits, andere sind „showy“. Macht auch Spaß. Die vielen bereits erwähnten Chancen, das Rad durch gezielte Maßnahmen technisch aufzuwerten, sollen hier nicht weiter erwähnt werden. Im folgenden befassen wir uns mit drei Bereichen: Schutz fürs Fahrrad, Erleichterung für den Fahrer bzw. für das Fahren sowie Kleidung.

Mehr Schutz fürs Bike

Nicht nur beim Fahrstil à la Tarzan, auch schon bei kleineren Geländeübungen springt die Kette wie eine wütige Kobra. Damit sie nicht den Lack auf der Kettenstrebe zerschlägt (oder verölt), wird eine chromglänzende Schutzfolie draufgeklebt. Wenn man die Oberfläche des Rohres dabei nicht genügend säubert, ist der **Kettenstrebenschutz** nach ein paar Tagen wieder runter. Dann greife ich zum wichtigsten aller Hilfsmittel: der dicken Rolle Isolierband, die für beinahe alles gut ist. Selbst bei der fehlenden Fahrradklammer umschlingt das schwarze Klebeband hilfreich das Hosenbein und macht die Weiterfahrt möglich. Eine Lage Isoband schützt auch die Kettenstrebe. Einige New Yorker Fahrradkuriere (genau, die mit Trillerpfeife statt Bremse) kleben sogar ihr ganzes Fahrrad ab, damit flinke Diebesaugen nicht durch das noble Aussehen eines City Bikes aufmerksam werden. Weit besser als das Folienblättchen ist die neun Gramm schwere Shark Fin, die schlanke Haifischflosse. Dieser sogenannte **Kettenabweiser** aus

Abb. 116 Kettenabweiser „Shark Fin“

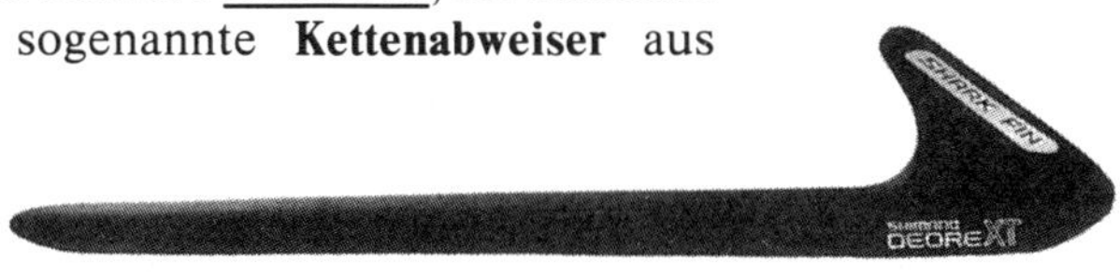

Abb.117 Sinnvolles Zubehör: Schaltwerkschutz

Kunststoff wird ebenfalls auf die Kettenstrebe aufgeklebt. Er verhindert, daß die schlagende Kette vom Reifen mitgerissen wird und sich festklemmt. Ich ziehe ihn der Schutzfolie auch deshalb vor, weil er die Kettenstrebe auf der ganzen Länge abdeckt.

Eine gute Idèe und dabei ganz simpel: der **Spritzschutz für Bottom Brakes** von Minoura, der bei bicycle im Katalog steht. 8,90 DM sind gut angelegt für das Stück Plastik, das die Funktion der Powerbremse nachhaltig verbessern kann.

Achtung, jetzt werden die Teile langsam massiver: **Bashguard, Knallschutz für Powertypen**. Der hintere Umwerfer ist ein empfindliches, stark exponiertes Teil, dem man bei Geländefahrten immer nur das Beste wünschen möchte ... Ob das ausreicht, ist eine andere Frage. Ein einfacher Schutzbügel an der Hinterachse macht für jeden Sinn, der zu einer Buschfahrt aufbricht. Die Grenze zwischen Vernunft und Schicki-Micki kann wohl nur der Benutzer selbst definieren. Die bei bicycle erhältlichen französischen Schutzbügel ziehen sich nicht nur tief hinab, sondern verfügen noch über einen käfigartigen Anschluß

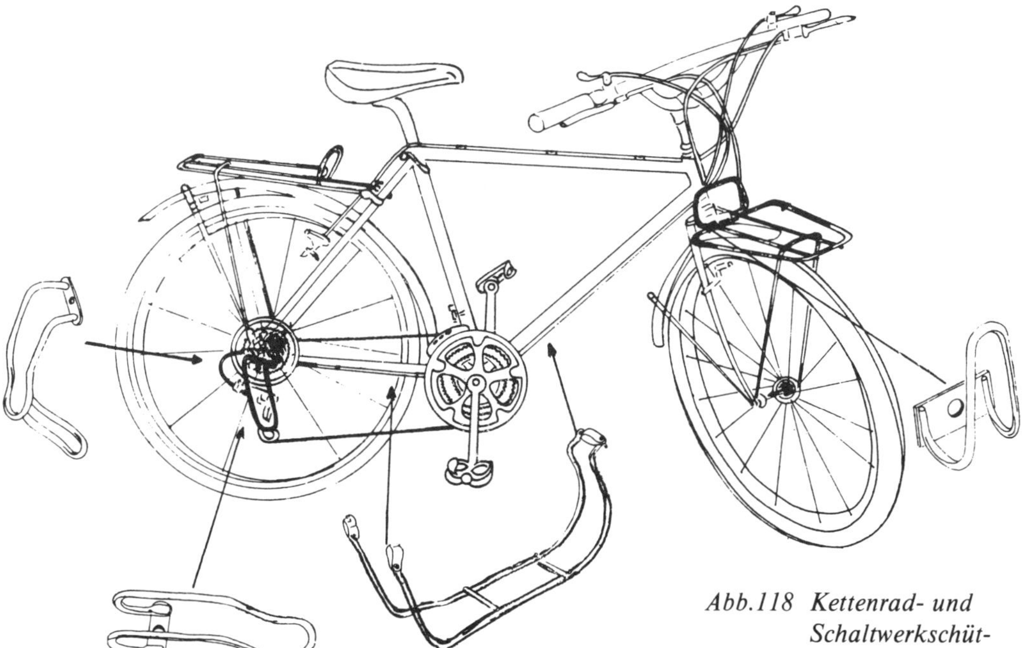

Abb.118 Kettenrad- und Schaltwerkschützer, Auffangbügel für Brems-Verbindungskabel

für das Spannrädchen des Derailleurs. Technobull bevorzugt schwere Kaliber - hierfür mag schon eher der dumpfe Ausdruck „Rammschutz“ passen, den man gelegentlich kopfschüttelnd zur Kenntnis nimmt. Auch Dacordi imponiert mit schweren Lochblechen, die an Sahara-Durchquerungen denken lassen.

Ein ganzes Programm für MTBs und City Bikes stellt der italienische Newcomer Roto demnächst vor: kurze und lange Schaltwerkschützer mit und ohne Lochbleche, Haiflosse und Sattelstützfeder, Tragehilfe und die vieldiskutierten **Kettenrad-Schützer**. Die kommen in mancherlei Gestalt daher: als aufwendiges Doppel-Drahtgerüst bei einem französischen Hersteller; mit Schellen an Unterrohr und Unterstreben zu befestigen. Technobull geht mal wie-

Abb.119 Massiver Kettenradschutz von Technobull

der einsam voran: Eine gewaltige Schüssel als Kettenrad-Verteidiger soll das Fahrrad nun ganz vor dem Gelände beschützen.

Die Idee der Tretlager-Bügel führt, denke ich, in eine ganz verkehrte Richtung. Zum einen sind sie gar nicht so praktisch, wie immer behauptet wird, weil sie die Bodenfreiheit schnöde verringern. In welchen Situationen läuft das Kettenblatt Gefahr, aufzusetzen und zu verbiegen? Vielleicht beim Überklettern eines Baumstamms oder eines Findlings. Anstatt sich das Gelände mit einem gepanzerten Rad restlos untertan zu machen, könnte man das Fahrrad im Bedarfsfall auch einfach tragen.

Erleichterungen für den Fahrer

Tragehilfen geben der Maschine und dem Fahrer ein Flair von Kompetenz und Entschlossenheit. Und sind darüberhinaus noch praktisch! Kunststoffpolster(Vemo), Neoprenröhren (Karrimor) und eine Fülle sonstiger Gerüste

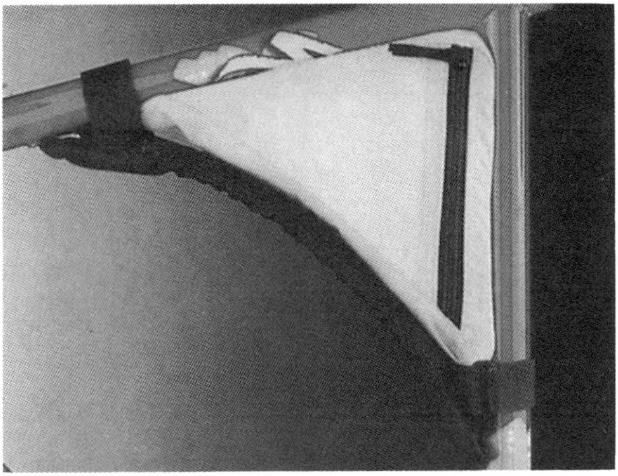

Abb.120 Tragehilfe mit Tasche (Specialized)

machen es zum Kinderspiel, das Stahlroß zu buckeln. Immer mehr geht man dazu über, die dreieckige Tragehilfe noch mit einer kleinen Tasche zu kombinieren.

„Ein Mounty mit **Schutzblechen** ist ein Skandal," vertraute mir ein renommierter MTB-Hersteller an. Recht hätte er, wenn das Sauerland in Kalifornien läge. Auf meinen ersten Testfahrten bei Schmuddelwetter war ich ziemlich angesäuert, als der Teint schon nach wenigen Metern ins Tarnfarbene wechselte. Das Vorderrad besorgt Brust und Gesicht, der Hinterreifen schleudert einen bemerkenswert geraden Strich vom Rücken bis hoch zur Fontanelle. Endgültig hatte ich nach einem Sturz die Nase voll. Es hatte geregnet, und die Abfahrt in die Kiesgrube wurde feucht. Dabei flog mir ein Sandkorn ins Auge, ich sah das Schlagloch nicht - und meinen Flug beendete ich durch Kontakt der Kniescheibe mit einem Stein... Ohne Bleche macht's irgendwie mehr Spaß, der aber bei Schlechtwetter rapide abnimmt.

Hilfe kommt von ESGE mit seinen MTB-Chromoplastics in verschiedenen Farben sowie von SKS mit ihren eleganten Bluemels Mountain Range. Beide bestehen aus Kunststoff und sind unkompliziert zu montieren, Bluemels hat allerdings die elegantere Anbringung. Wenn ein Anlötgewinde hinter dem Tretlager vorhanden ist, sollte das hintere Blech dort sauber gebohrt und direkt angeschraubt werden (ohne Manschette, aber mit Unterlegscheiben). Das Hinterblech von ESGE sieht rassig aus, weil es nicht so

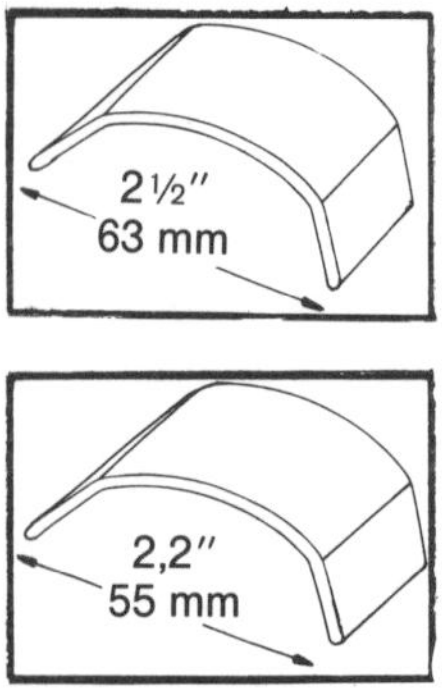

Abb.121 Bluemels „Mountain Range“ und „City Range“

weit heruntergezogen ist. Nachteil: Es gewährt keinen ausreichenden Schutz!

Bei Cross-Motorrädern fällt der bequeme Abstand zwischen Reifen und Schutzblech auf. Und noch ein gewaltiger Vorzug, den man für die Fahrradtechnik getrost nachahmen sollte: Bleche, die so stabil sind, daß ihre Anbringung sich allein auf den Gabelkopf beschränken kann. Damit würde ein Schwachpunkt eliminiert, der „Buschklepper“ vor Blechen zurückschrecken läßt: Es macht sich störend bemerkbar, wenn sich ein Ast in der Schutzblechstrebe verfängt und von dort den Weg in die Speichen nimmt.

Tip: Schutzblech am Vorderrad
Die waagerechten Streben des vorderen Bleches werden nicht im Ausfallende montiert, sondern zu den Gepäckträger-Anlötbuchsen verlegt. Das ist im Handumdrehen zu bewerkstelligen. Wenn keine vorhanden sind, nimmt man Schellen zur Hilfe. Die überstehenden Enden der Streben werden abgesägt und wieder durch Kunststoffbuchsen entschärft.

Abb.122 Dural-7 Einbeinständer

Ständer scheinen von den Velomachern noch mehr mißachtet zu werden als Bleche. Dabei ist eine robuste Stütze doch eins der notwendigsten Zubehörteile. Drei Ständer sind zu empfehlen. Der japanische Maruichi Dural-7 ist zu recht beliebt, auch die Imitation Mighty 7 ist akzeptabel. Das Einbein aus Leichtmetall wird an die linke Kettenstrebe montiert, stützt sich an der Sitzstrebe ab und funktioniert sehr gut. Ein großer Vorteil ist, daß er an jedem Rad Platz findet. Es gibt zwei Ausführungen für 26“ und 27“-Räder. Ähnlich scheint die neue Kunststoffstütze des englischen Bremsbelag-Herstellers Fibrax auszusehen; ich kenne sie bisher nur vom Foto. ESGE ist mit seinem asymmetrischen Doppelbeiner gut im Rennen - aber nur, wenn keine Bottom Brake hinterm Tretlager nistet. Die Standsicherheit des Doppelständers ist optimal. Diese Firma hat übrigens den seltenen Ruf, Kundenwünsche und -reklamationen ernstzunehmen und darauf zu reagieren.

Auf einer Fahrradmesse prangte Seltsames am Lenker: ein lederner **Handschutz** (Berthoud). Tiefen Eindruck machen die dreieckigen Lappen aus hellem Sattelleder, bei denen unwillkürlich das Cowboyfeeling emporwallt... Zuerst dachte ich: Starkes Teil! Der nächste Gedanke: Kannst du selbst machen. Dann schließlich: Wozu muß man die Dinger haben? Allenfalls im Unterholz, in dem die Tiere des Waldes zweifellos mehr Daseinsberechtigung haben als ein radelnder Ranger. Doch vielleicht brauchst du den Handschutz fürs Prestige oder für Spezialzwecke?

Da wäre dann noch ein Accessoire, das fast alle unnötigerweise für nötig halten. Das sind die Flaschen.

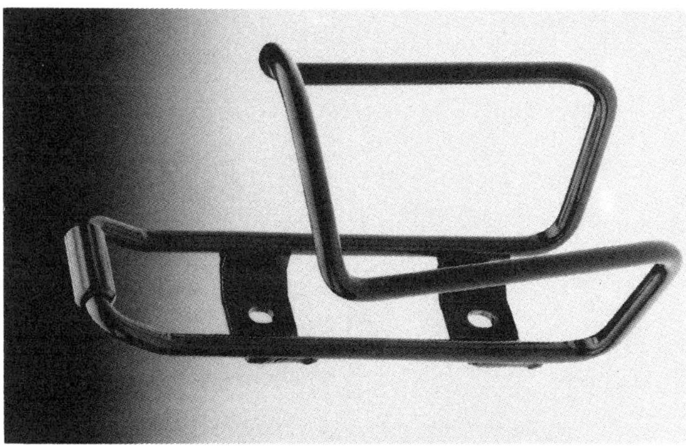

Abb.123 Der solideste aller Flaschenhalter (Blackburn)

Trinkflaschen-Ideenwettbewerb

Nicht genug mit dem allerseits üblichen Tankwagen-Image - nun kommt Acerbis gar mit einer ans Oberrohr geflanschten Flasche mit Lutscheranschluß daher - extra für MTB-Piloten.

Hand aufs Herz: Wer braucht sie wirklich, die runden bunten Schluck-Kanister, ausgenommen die Rennfahrer? Für alle, die das kühle Labsal lieber nach der Fahrt genießen und dafür die heilige Flaschenkuh schlachten möchten, ist dieser Erfinderwettkampf gedacht.

Aufgabe:
Erfinde und konstruiere ein sinnvolles Teil, das an die Stelle der Trinkflasche tritt und entweder

1. direkt mit Inbusschrauben an den Anlötbuchsen montiert wird oder
2. in die Flaschenhalterung eingesetzt werden kann.

Phantasie und Praxis sind Trumpf! Es könnte sich ebenso um eine Fernglashalterung wie um einen Verbandskasten handeln.

Bedingungen:

1. Das Teil muß stabil genug für den MTB-Einsatz sein
2. Es muß ohne weiteres anzubauen sein; die Befestigungsmittel sind mitzuliefern
3. Ein Begleitschreiben soll erläutern, wie es zu der Idee kam, ferner die Beschreibung des Teils, vielleicht einen kleinen Erlebnisbericht o.ä.
4. Einsenden an: Ulrich Herzog. Postfach, 2724 Sottrum. **Einsendeschluß: 30.3.89**
5. Die Ergebnisse werden zu einem späteren Zeitpunkt veröffentlicht

Preise: Es gibt eine Menge Buch-, Werkzeug-, Zubehör- und Trostpreise. Mach mit!

Abb.124 Klausicherheit bieten nur Bügelschlösser

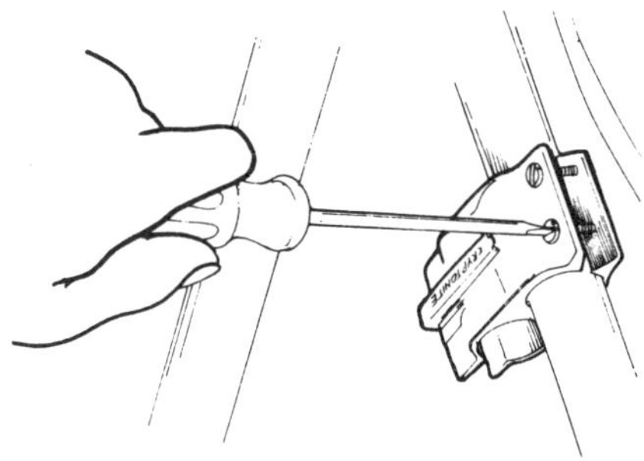

Abb.125 Sinnvolles Zubehör: Rahmenhalterung (Kryponite)

Gerade bei MTBs sinnvoll: **Fahrrad-Schlösser**
Dein Mountain Bike hat mehr Fans, als du denkst. Einige würden es klauen, wenn sie könnten. In Berlin erzielt ein Mittelklasse-MTB einen Kneipenpreis von 250 Mark, was manchen zur Eigentumsübertragung reizen mag. Vergiß alle Rahmenschlösser und ebenso alle Drahtseilsicherungen. Einem Bolzenschneider können nur gehärtete, kleinfingerdicke Stahlbügel Widerstand leisten. Kryptonite ist hier die erste Wahl. Der kunststoffüberzogene Räuberschreck kann mit einer speziellen Halterung im Rahmendreieck untergebracht werden , wo er niemanden stört. Seiner Funktion und seines Designs halber wurde das Schloß gar durch Aufnahme in New Yorks City Museum of Modern Arts geadelt. Erwähnenswert auch der Service: Geht der Schlüssel verloren, so schickt die Firma innerhalb weniger Tage einen neuen.

Abb.126 Fahrradmode, für Mountain Biker eigentlich zu schade (Benotto Jantzen)

Gehört stilgerechte **Mountain-Biker-Kleidung** zur Etikette? Wer Löwen jagen will, zieht Löwenjägerkleidung an. Frau Rother versicherte seinerzeit in *„Der Radfahrsport in Wort und Bild“:*

„Es ist daher vom Gesundheitsstandpunkt das Tragen eines Korsetts beim Radeln durchaus zu empfehlen, allerdings unter der Voraussetzung, daß es von durchlässigem Stoffe und für die außergewöhnliche Strapaze mehrere Centimeter weiter wie gewöhnlich getragen wird..."

Ich meine, das läßt sich heute nicht mehr aufrechterhalten. Wenn's auf MTB-Safari geht, müssen die ältesten, ausgebufftesten Klamotten her. Anders sieht die Sache aus, wenn die sonntägliche Spazierfahrt ansteht, beim City Trekking, oder wenn viele Zuschauer zu erwarten sind. Hier tritt die durchgestylte Fahrradmode, allen aus der Rennsportszene geläufig, in Erscheinung. Daran kann man schon seinen Spaß haben - bloß fürs Gelände sind die flotten Jacken und Hosen einfach zu schade.

Was tun bei Regen? Einige Jahre schon hört man von Wundertextilien namens Gore Tex, Texapore, Sympatex, Entrant, Helsapor usw., die das zentrale Problem aller regendichten Kleidung lösen sollen. Die Gewebe lassen keine Wassertropfen durch, wohl aber den als Wasserdampf auftretenden Schweiß des Fahrers. Leider, das muß zugegeben werden, habe ich dieses Material noch nie selbst erprobt, weil ich das Abenteuer lieber am Busen der Natur suche als auf den Preisschildern für Regenjacken. Über die Qualität der dampfdurchlässigen Gewebe hörte ich indessen jeden vorstellbaren Kommentar - von super bis großer Bluff. Für den Strapazenritt in Wind und Wetter komme ich wunderbar mit meiner schwarzen Motorradjacke aus gewachster Baumwolle klar: Sie ist atmungsaktiv, einigermaßen regendicht und verträgt allerhand. Und für den „Fun Ride" bei Sonnenschein schlüpfe ich in so eine fetzigfreche Benottojacke mit Handschuhen in dem selben Design...

Etwas spezieller für uns „Rauhreiter" konzipiert ist Schuhwerk, mit dem man nicht nur gut zu Fuß ist, sondern auch unbesorgt in die gefürchtete Bärentatzen-Pedale tritt. Sidi z.B. bringt einen schönen bunten Bergschuh aus Stoff und Wildleder mit griffiger Sohle. Specialized führt ähnliche Kombinationen aus Bergstiefeln und Sportschuhen. Die alten Turnschuhe, Springerstiefel, Bergschuhe, sogar Gummistiefel tun's für mich auch.

Gepäckträger und Packtaschen

Das Strapazenvelo hat verdammt viel auszuhalten. Sehen wir zu, daß wir es in der Wildnis nicht auch noch zum Lastesel machen - denn das Fahrverhalten wird mit jedem zusätzlichen Kilo unberechenbarer. Für kleineres Gepäck nimmt man deshalb gar keine Packtaschen, sondern hängt sich einen dieser bunten Mini-Rucksäcke auf den Buckel. **Daypack** nennen sich die praktischen Behälter. In jedem Kaufhaus stehen inzwischen ganze Batterien davon, von pechschwarz bis schrillpink; die Campingausrüster führen zusätzliche Nobel- und Snobklassen.

Das reicht nicht aus für dein Gepäck oder ist zu unbequem? Dann muß ein Gepäckträger ans Hinterrad. Für den Alltagsgebrauch oder für Reisen mit mäßigem Gepäckbedarf stehen einige Träger zur Auswahl. Showa zeigt die altbekannte, grazile Alu-Bauweise. Dieser Träger ist übrigens Bestandteil des Nachrüstsatzes für das Longus Bike. Der

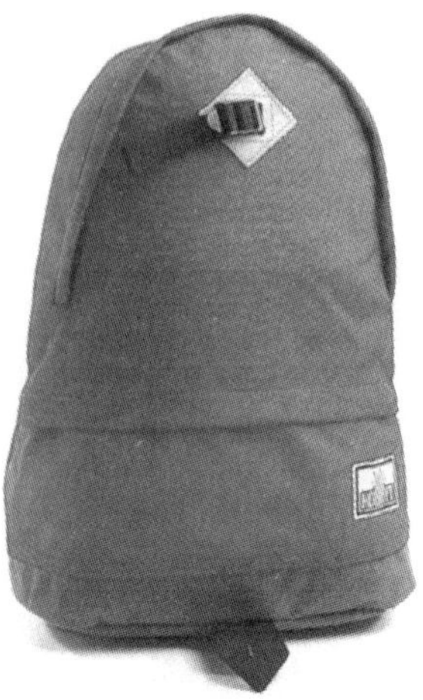

Abb.127 Daypacks von Hobbyt...

Abb.128 ...und von JanSport

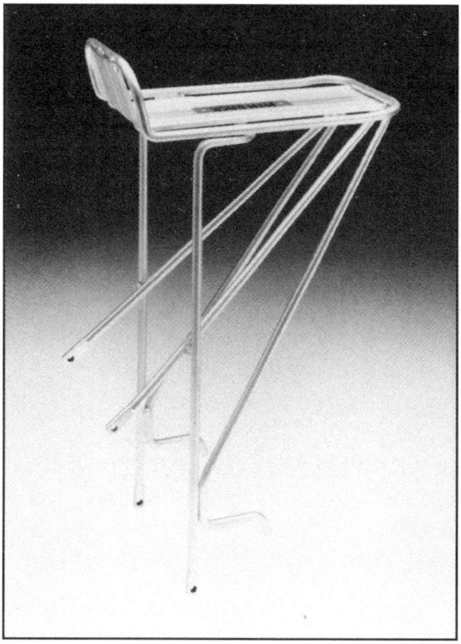

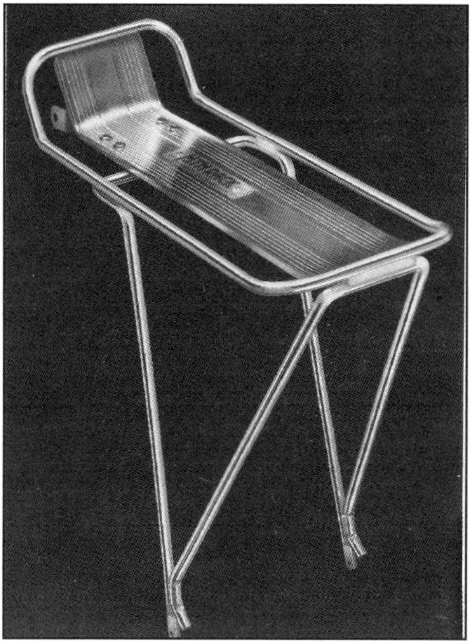

Abb.129 *Einsame Spitze: Blackburn Mtn Rack vorn...*

Abb.130 *...und hinten*

vielfach bewährte Allroundträger ESGE Safari ist nicht besonders hübsch, aber ein echter Lastesel. Quario (früher Sherpa) bringt endlich einmal Farbe ins Geschäft: schwarz, weiß, rot, blau, gelb. In Bau und Qualität vergleichbar mit Vetta. Als einfacher Stahlträger für Stadtflitzer kommt Hebie Sherpa in Frage. Pletscher 360 aus Gußaluminium macht sich bei kleinem Gepäck besonders nützlich: Er hat als einziger einen Federbügel.

Große Reise, schwere Last? Jetzt ist Topklasse gefragt. Jim Blackburns Mountain Racks haben sie. Diese Träger für Vorder- und Hinterrad sind extrabreit für dicke Reifen. Sie sind schlechthin unverwüstlich. Es ist aufschlußreich, allein die kleinen Zubehörteile zu untersuchen, denn gerade in scheinbar unwichtigen Details äußert sich Qualität oder Pfusch. Hier stimmt alles: dicke, kunststoffüberzogene Schellen, Inbusschrauben mit selbstsichernden Muttern, paßgenaue Verbindungsstücke für alle Anbringungsarten. Perfekt.

Gepäckträger montiert? Aye aye, Sir. Und jetzt die Qual der Wahl. Es gibt ja so viele Packtaschen...

Gepäckunterbringung

1. Packtaschen hinten nicht zu groß und nicht zu tief herabhängend. Schwere Teile nach unten, leichte nach oben
2. Packtaschen vorne sind problematisch, weil die Lenkung wesentlich träger wird. Nicht viel hineinpacken. Keine Low-Rider-Ausführung für Geländefahrten!
3. Lenkertaschen aus denselben Gründen nicht zu schwer bepacken. Es gibt auch sehr kleine, die mit Klettband am Lenker befestigt werden. Drahtbügel für Lenkertaschen passen nicht an MTB-Lenker mit Zwillenvorbau. Hier hilft der Mooseneck-Adapter, im Katalog bei AFT, Bundesallee 88, 1 Berlin 41
4. Hinten alles Gepäck und vorne gar nichts führt zu unfreiwilligen „Wheelies", wenn du im kleinen Gang bergauf bolzen willst. Aber hinten viel und einiges auf dem Rücken ist ein guter Kompromiß

Abb.131 Packen vor hundert Jahren (und heute wieder)

Packtaschen müssen außergewöhnlich gut sein, um sich einen Ehrenplatz am MTB zu verdienen. Früher sah das Reisen einmal so aus:

Abb.133 Von zwei Packtaschen...

Abb.134 ...zum Doppelrucksack (Cinelli)

„Ich habe meine Touren begonnen mit einem 72pfündigen Vollgummi-Quadrant-Dreirad. Da kam es auf ein paar Pfund Gepäck mehr oder weniger auch nicht so genau an. Hinten an der Maschine hing ein ziemlich umfangreicher, würfelförmiger Koffer, in den sich schon allerhand hineinpacken ließ".

So berichtete die bereits zitierte Radtouristin A. Rother. Heute sind eine Handvoll Hersteller über die Kofferphase hinaus und präsentieren spezielle Mountain-Bike-Taschen. Cannondale ist bekannt durch die raffinierte Anbringung seiner Lenkertaschen. Für das kleine Off-Road-Gepäck ist der Deluxe Toot weit interessanter. Die geräumige Reißverschlußtasche, die wie ein Kürbis unterm Sattel hängt, schließt an alte Brooks-Traditionen an und trifft genau meine Vorstellungen vom „kleinen Mountain Pack". Cinelli ist einer von den drei Weisen, die das Mountain Biken tatsächlich mit Bergen in Verbindung bringen. Die beiden Avventura Packtaschen lassen sich untereinander anordnen, aus einer Rolle wird plötzlich ein Rückenpolster mit zwei Traggurten plus Hüftgurt - fertig ist der Rucksack. Besonders gut, wenn man in schwierigen Geländepartien das Rad ohne zusätzliches Gewicht haben will.

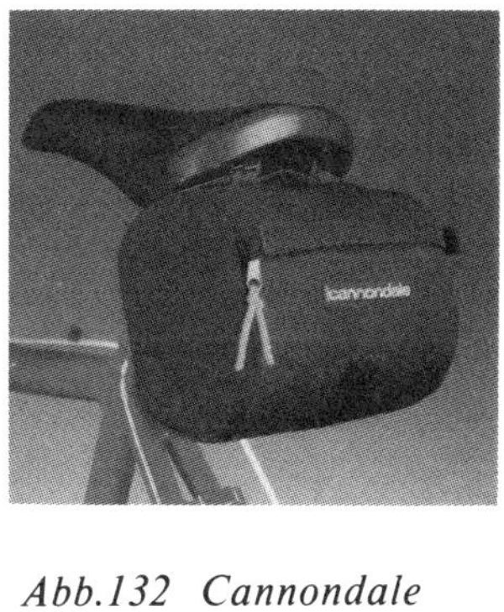

Abb.132 Cannondale Deluxe Toot

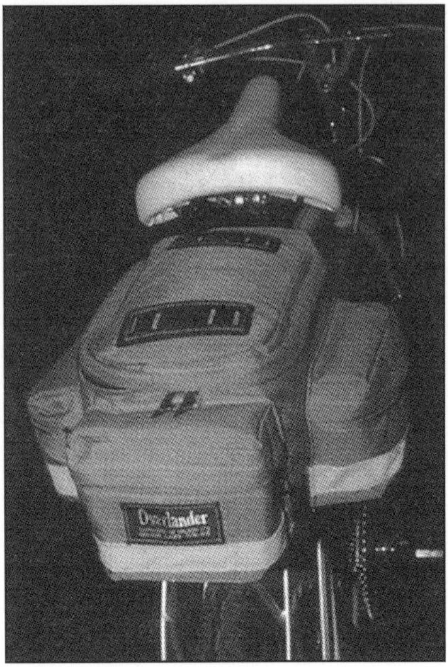

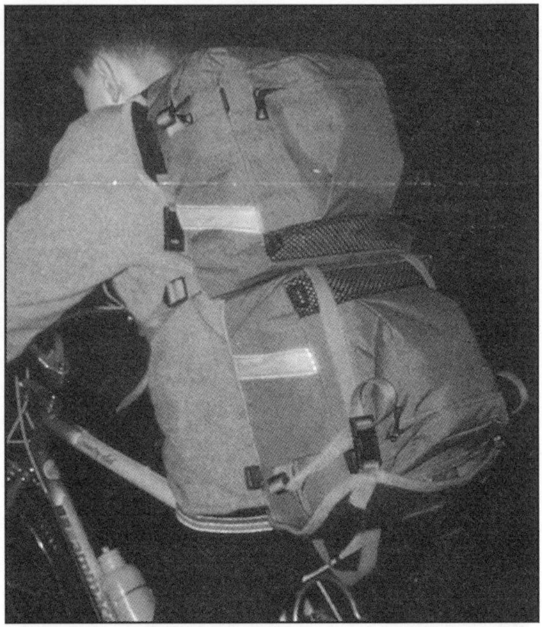

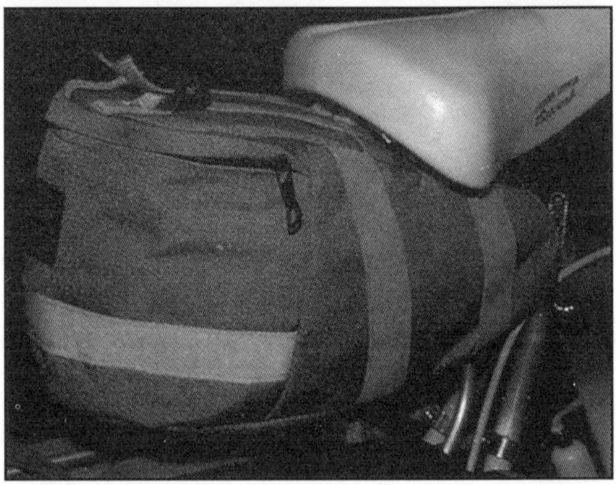

Abb.135 Ein ideales Programm: Pannier Pack, ...

Abb.136 ... Pack(Rucksack-)taschen...

Abb.137 ... und Satteltasche von Carradice

Erinnerst du dich an die schweren, soliden schwarzen Packtaschen von good old Carradice? Die Engländer haben die Zeit nicht verschlafen und bieten mit der Prima-Serie einen kompletten Set Off-Road-Taschen an. Das Material: schweres graues Cordura-Nylon und 100 % wasserdichtes, schwarzes Baumwollgewebe. Die Prima Panniers sind symmetrisch und können links wie rechts gefahren werden. Die Taschen können jeweils als Einzel- oder auch zusammen

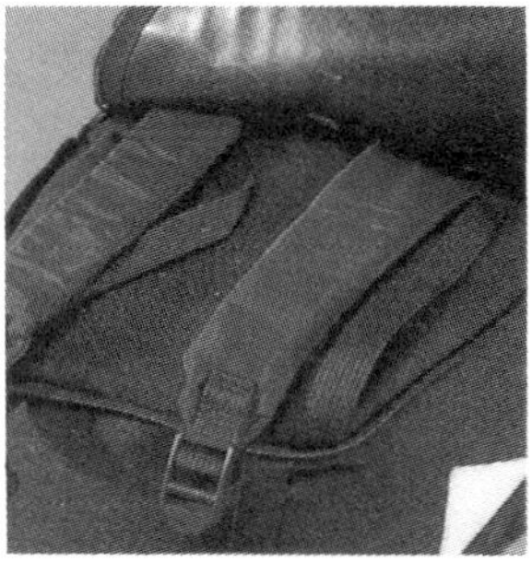

Abb.138 Verwandlungstaschen (Karrimor)

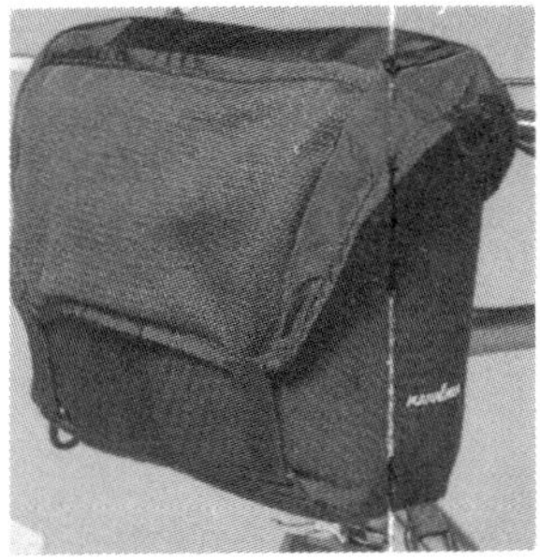

Abb.139 Auch die Lenkertasche mit Nylonnetz (Karrimor)

als Doppelrucksack getragen werden. Ein Schultergurt läßt einem die Wahl, es auch auf die lässige Art zu tragen. Der Prima Saddle Pack, eine große keilförmige Satteltasche, und der größere Pannier Pack für die Anbringung auf dem Gepäckträger bieten viele Möglichkeiten für Kombinationen. Eine Minitasche für den Vorbau oder den Gürtel rundet das Programm ab, mit dem Carradice zur absoluten Spitzenklasse gehört.

Karrimor - ein Name, der nicht fehlen darf. Kann man etwa als „Geländefex“ an einem Produzenten vorübergehen, der Garantie auf Lebenszeit gewährt? Das sind ideale Verhältnisse für Materialschinder aus Leidenschaft. Die schwarzen bzw. grau-roten Kalahari Mountain Taschen haben alles, was man erwartet. Und manches, was man sich nicht zu erwarten traute. Das Anbringungssystem, schon oft beschrieben, ist einfach, schnell und sicher. Ein frischgebackener Besitzer tut gut daran, sich einen Abend lang hinzusetzen und die vielfältigen Raffinessen der schwarzen Taschen zu studieren: Ausweisfach und Außentasche; Reiß-, Kordelzug- und Schnappverschlüsse, Tragegriff und Regenschutz. Dieser hat obendrauf ein Nylonnetz, in dem nasse Socken während der Fahrt wieder trocken werden. Die Packtaschen haben ein schier unerschöpfliches Anfnahmevermögen; irgendwie geht immer noch etwas hinein! Bist du zur Sennerin emporgeradelt und willst nun per pedes zum Gipfel, so läßt du an der Kalahari (der Packtasche) einen verborgenen Reißverschluß zirpen, und ... da ist die Packtasche zum kompletten Rucksack geworden.

Die Halterung bleibt am Rad. Einziger Wermutstropfen: Beide Taschen lassen sich so nicht kombinieren. Sie können mit Hilfe einer Plane zusammengekoppelt und am Schulterriemen getragen werden. Von oben gesehen, zeigt die Lenkertasche zunächst die Regenschutzklappe mit Nylonnetz für die Sonnenbrille oder eine Rolle saure Drops. Wenn du diese Abdeckung öffnest und zusammenrollst, erscheint darunter eine Klarsichthülle für die Landkarte. Endlich einmal in stabiler Ausführung, aber leider muß die Karte arg geknautscht werden, ehe man sie hineinbekommt. Innentasche mit Reißverschluß, Kordelzug zum Raffen des gesamten Inhalts und ein kräftiger Tragegurt lassen diese Tasche für den Mountain Biker ideal erscheinen. Weil ich selbst ungerne Gewicht am Lenker habe, befestige ich sie nur locker am Lenkerbügel und stelle sie auf den Vorder-Gepäckträger.

Pflege und Wartung

Der Traum vom wartungsfreien Rad zerplatzt wie eine Seifenblase ausgerechnet am Berghobel, dem robustesten Velo aller Zeiten mit der ausgefeiltesten Technik. Die sorgfältige Wartung gehört nun mal dazu. Du kommst gerade aus der Suhle? Dann laß uns waschen:

Vorschlag zur Fahrradwäsche

Arbeitsmittel:
Gartenschlauch (Eimer kaltes Wasser)
Eimer warmes Seifenwasser
Scheuerbürste, Autoschwamm, zwei kleine Flaschenbürsten
Fensterleder, Handtuch

1. Alles abspritzen, dabei nicht direkt auf Lager halten. Reifen und Felgen gründlich mit der Scheuerbürste reinigen
2. Systematisch mit Seifenwasser und Schwamm das ganze Rad abwaschen. Schonend und mit viel Wasser, damit Sand und Dreck nicht den Lack zerschmirgeln
3. Schwer zugängliche Stellen (z.B.Bottom Brake) mit der einen Flaschenbürste reinigen
4. Fettige Kleinteile mit der zweiten Flaschenbürste
5. Alles sauber? Mit Fensterleder abtrocknen
6. Die Kiste an einen trockenen Ort rollen
7. Sattel herausholen (Kondenswasser im Sitzrohr kann abtrocknen)
8. Sattelstütze sauberwischen und vor dem Einsetzen fetten

   Vorsicht: Nie einen Heißdampfstrahl verwenden. Der dringt ins dichteste Lager ein...

Eine lästige Pflicht, besonders wenn man abgekämpft von draußen kommt, aber Waschen muß sein. Andere Wartungsarbeiten kommen hinzu. Innenlager mit Kugellauf laufen leichter als Industrielager, wollen aber gepflegt werden. Doch diese Tätigkeiten sind für dich Routine. Beim MTB richten wir das Augenmerk auf den Schutz vor Wasser, Sand oder eine Mischung aus beidem. Gleich beim Kauf würde ich mir die Schraublöcher und Anlötteile am Rahmen ansehen. Überall sollte eine Inbusschraube drinsitzen - wenn nicht, bittest du den Händler drum, daß er's nachholt. Das gilt auch für das Bremsbolzenloch (Schutzblech-Befestigung) an der Vordergabel. Wenn du einen Hang zur Perfektion hast, wäre es jetzt an der Zeit, alle Muttern durch selbstsichernde „Stop"muttern zu ersetzen. Thomas-Peter Henningsen, unermüdlicher Fahrradzüchter und -forscher:

Tips zur Beleuchtung:

1. Kontakte innen und außen mit Kontaktfett (wenn nötig, vorher mit Rostumwandler) versorgen
2. Lampengehäuse mit Klebeband oder Silikonpaste abdichten

Über viele Maßnahmen gibt es ganz unterschiedliche Ansichten. Bowdenzüge nimmt man aus der Hülle, um sie mit einem dicken Fettmantel wieder einzufädeln. Nicht bei Teflonbeschichtung! Die freiliegenden Kabelzüge am Tretlager aber können auch trocken bleiben, ohne eine Spur von Öl. Damit wird wahrscheinlich weniger Schaden angerichtet als mit einer dicken Ölung. Dasselbe gilt für das ganze Fahrrad: von oben bis unten mit einem öligem Lappen abreiben oder naturbelassen?

Für mich überraschend war das Ergebnis ausführlicher Kettenstudien, die Hans-Christian Smolik in „tour" veröffentlichte. Es stellte sich heraus, daß die werksseitig *gefetteten* Ketten recht unempfindlich gegen Dreck und Wasser waren - solange, bis sie vom wohlmeinenden Schrauber kräftig geölt wurden. Das Öl wäscht das schützende Fett heraus, zieht den Staub um so mehr an und ruiniert peu à peu die Kette. Noch schlimmer wirkt ein Benzinbad. Deshalb der Tip: Kette nur äußerlich mit einem öligen Lappen abwischen. Das beste, am wenigsten klebrige Schmiermittel ist Silikonöl (und sag bei der Gelegenheit bitte deinem Händler, er soll die Sprühflaschen abschaffen). Daß es ein Prachtrad werde!

Fahrtechnik

Für einen Großteil dieses Kapitels habe ich Häuptling „Crazy Handlebar“ zu danken, bürgerlich Michael Gressmann. Er hat das Theorie-Standardwerk „Fahrradphysik und Biomechanik“ verfaßt (erschienen, logisch, bei Moby Dick) und ist ein experimentierfreudiger Pedalmann, dessen akrobatische Ambitionen im MTB das ideale Betätigungsfeld vorfanden.

Abb.141 Neue Fahrtechniken... (Michael Gressmann)

Radfahren und Mountainbiken sind doch zwei verschiedene Paar Stiefel. Wenn du auch so ein Typ bist - heiß auf neue Ideen, extravagant und leicht verrückt - dann kommt die neue Welle, die da aus den USA zu uns herüberschwappt, für dich gerade richtig. Doch vor dem Aufsitzen empfiehlt es sich, das Gerät auf zahme Weise einzufahren, damit das Schalten und Bremsen nachher schlafwandlerisch sicher funktioniert. Auch wer beim Tanzen dauernd auf die Füße schaut, lernt es nie.

Ist die **Sattelhöhe** richtig? Hier gelten andere Gesetze als bei der Rennmaschine. Den runden Tritt kannst du ohnehin vergessen. Mein Tip: Ein tiefer Schwerpunkt schafft Sicherheit. Wenn du im Sattel sitzt, mußt du mit beiden Füßen bequem den Boden berühren.

Aufwärmübungen
kommen einem vielleicht komisch vor. Wenn man aber bedenkt, wieviel bei Kurbelakrobatik von der Geschmeidigkeit deines Körpers abhängt, ist das Trockentraining vielleicht doch nicht so absurd. So sieht es bei mir aus:

- Mindestens eine Minute **Laufen auf der Stelle**
- **Rumpfbeugen** zu allen Seiten
- **Kniebeugen, Hüftkreisen, Sit Ups**
- **Liegestütze**, für jedes Ritzel einen
- **Kopfstand**, mit Sturzring besonders leicht
- **„Flieger“** für den Gleichgewichtssinn
- **Purzelbäume**, immer wieder, vorwärts und rückwärts. Die Wirbelsäule wird es nach dem ersten „Header“ über den Lenker danken...
- **Hechtrollen**, bis du glaubst, du warst in deinem früheren Leben ein Frosch!

Geschicklichkeits- und Gleichgewichtsübungen
mit der Spaßmaschine schulen die Beweglichkeit (Kraftbolzerei allein ist langweilig) und verschaffen dir erste anerkennende Pfiffe der Zuschauer. Geht sehr einfach los: **Aufheben und Ablegen eines Taschentuches während der Fahrt**. Die Wirbelsäule läßt grüßen! Schon aufgewärmt? Sonst federst du schnell ein paar Kniebeugen, denn für die nächste Nummer brauchst du lockere Knie.

Abb.142 Alter Kosakentrick: Aufheben in voller Fahrt

Was ist das denn - Absteigen wie ein Elefant? Das stilgerechte **Absitzen** heißt neudeutsch **Jumping Off** und erfolgt nach hinten. Beide Füße in horizontaler Kurbelposition, kurz in die Knie gehen und ab nach hinten über den Sattel. Lenker loslassen und weiche Landung auf Mutter Erde. Dein Freund will nach vorn durchgehen, halt ihn am Sattel fest. Du brauchst ihn noch. Passieren kann nichts; die gefährlichen Übungen kommen erst später dran.

Du ahnst es schon, nun kommt das **Aufspringen**. Beide Hände sind am Lenker. Du nimmst ein paar Schritt Anlauf und springst in den Sattel. „Beim ersten Mal hat es noch wehgetan“, singt Hans Albers. Aber nur, weil du noch Angst hattest. Das Körpergewicht beim Flug nach vorn. Mit beiden Händen den Sprung abfangen, dann ist die Landung butterweich und dein MTB stößt einen zufriedenen Grunzer aus. Genug für heute und rein ins Gelände? O.K., und wenn du heil zurückkommst, schlage ich noch ein paar **Balancierspäße** vor. Mit dem Rad im **Stillstand, ohne von den Pedalen zu gehen**. Eine wichtige Übung, die im Gelände öfter vorkommt, als du denkst. Ein Stück fahren - stop - halten - weiter. Die Stops werden immer länger, bis du schließlich völlig cool vor einer Ampel wartest, ohne von den Eisen zu gehen. Und noch mal das Thema Gleichgewicht. Du stehst seitlich neben dem Rad, **packst Lenker und Sattel und stellst dich auf Vorder- und Hinterradnabe**. Leider kannst du als „reiferer“ MTB-Pilot (biblisches Alter von 47 Jahren) nur kurzfristig jüngeren Fahrer imponieren - zu schnell beherrschen sie diese Technik.

Noch ein Balanceakt gefällig? Nützt wenig, schadet aber auch nichts und sieht irrsinnig gut aus. **Vorderrad querstellen und beide Füße auf den Vorderreifen**. Arme dabei zur Seite wie ein Seiltänzer. Wenn du nach zwei Jahren immer noch keine Balance halten kannst, wende dich anderen Übungen zu... Ach, üben wir doch gleich noch das **Rückwärtsfahren**. Du hast ganz richtig gelesen: Dein Sitzplatz ist jetzt der Lenker. Anfangs brauchst du viel Platz und einen festen Untergrund, also am besten den großen Parkplatz vor dem Supermarkt. Einen mittleren Gang rein und ausprobiert. Glaub mir, es ist nicht schwierig. Du mußt dich nur ganz auf den Lenker setzen und die Hände entlasten. Ich selbst habe in Sport immer eine Vier gehabt; gelernt habe ich das Rückwärtsfahren in zehn Minuten.

Springen, Wheelies und andere Tricks

Spätabends dringen Heimwerkergeräusche aus dem Keller und nerven die anderen beim Genießen der „Schwarzwaldklinik“. Du baust eine kleine Sprungschanze. Ein möglichst breites, ca. 1,50 m langes Brett reicht für den Anfang. Vorn eine stabile Querleiste, die das Wegrutschen verhindert, und du bist fertig zum „Stunt“. Beim **Springen** heißt es, klein anfangen; ungefähr 10 cm hoch ist der Absprung. Ein Feeling wie ein Skiflieger! Was der an seiner Sprungschanze an Metern fliegt, schaffst du in Millimetern. Ein geschickter Fotograf schießt aus der Froschperspektive auch dabei schon die tollsten Bilder. Wichtig: Lächeln! Wenn du das Gewicht kurz vor dem Absprung ein wenig nach hinten verlagerst, fliegst du gleich doppelt so weit und, das ist viel wichtiger, landest zuerst auf dem Hinterrad. Langsam steigerst du die Absprunghöhe. Macht einen Heidenspaß. Niemals unkonzentriert springen, d.h. mit zuwenig Speed oder mit schlaffer, vornübergebeugter Flughaltung. Knallt das Bike bei der Landung mit dem Vorderreifen zuerst auf, gibt es einen gemeinen Ruck in den Handgelenken. Damit du bei deinen Showsprüngen also nicht über den Lenker gehst, nochmal zusammengefaßt: High Speed, gerade abspringen, Gewicht nach hinten und auf dem Hinterrad landen.

Abb.143 Abheben von der Sprungschanze

Abb.144 Wheelie

Wheelie heißt das Zauberwort, die nächste Lektion in der Hohen Schule des *„All Terrain Driving"*. Zu Deutsch: Fahren auf dem Hinterrad. Für BMX-Knaben ist das bloßer Standard, beim MTB ist es eine Idee schwieriger. Die größeren Räder lassen sich nicht so leicht ausbalancieren. Ein kleiner Gang (kann auch der kleinste sein), ein kurzer, scharfer Antritt, Gewicht nach hinten und Zug am Lenker - und schon geht der Bock vorn hoch wie beim Rodeo. Dabei das Weiterfahren nicht vergessen. Anfangs sind es nur ein bis zwei Meter. Passieren kann überhaupt nichts, wenn du den Lenker genauso gerade hältst wie deine Zunge. Denn wenn du zu vehement „wheelst", steigst du automatisch nach hinten ab. Das Gefühl ist anfangs etwas mulmig, aber diese Übung macht einen Höllenspaß - und ist ausgesprochen publikumswirksam. Den Weltrekord hält meines Wissens Stephan Colley, der in zweieinhalb Stunden 37 km „wheelte". Angeblich, um das Vorderrad zu schonen.

Abb.145 Endo

Bei aller Begeisterung für das Wheelie wollen wir das Hinterrad nicht vergessen. Das will auch mal Höhenluft schnuppern. „End over" heißt die Übung, kurz **Endo**. Du rollst mit mäßiger Geschwindigkeit und gehst bei waagerechten Kurbeln aus dem Sattel. Dann ein kurzes, scharfes Abbremsen mit der Vorderbremse, Gewicht gegen den Lenker, und das Hinterrad lupft in die Höhe. Könner verlagern nun das Gewicht minimal nach hinten und halten das Rad einige Sekunden in dieser Position. Dann das Hinterrad langsam wieder absetzen und, ohne von den Pedalen zu gehen, weiterfahren.

Du hast die Scheu verloren, bist biegsam wie die Zunge eines Presseprechers? Probieren wir die verschärften Abgänge! Beim **Abspringen zur Seite** rollst du mit mäßiger Geschwindigkeit dahin und stellst die Kurbeln horizontal. Gewicht erst nach hinten, dann nach vorn werfen und schwupp! mit beiden Füßen stößt du dich gleichzeitig ab und springst seitwärts über den Rahmen ab.

Das **Abspringen über den Lenker** ist eine echte Mutprobe. Ich habe es selbst noch nicht probieren können, weil ich mir bei der Übung „Abrollen" die Schulter angebrochen hatte. Aber theoretisch ist die Sache klar. Du fährst langsam gegen ein flaches Hindernis, z.B. einen Ziegelstein, den du auf den Rasen legst. Gleichzeitig mit dem Abstoppen des Rades springst du über den Lenker ab, während das MTB seitlich umkippt. Wie gesagt, theoretisch. Möge diese Übung gelingen.

Das **Abrollen während der Fahrt** ähnelt einem Salto oder einer Hechtrolle. Anfangs hält ein Helfer Rad und Reiter im Stand fest. Während sich der Fahrer seitlich abrollen läßt, zieht der Helfer das Rad zu seiner Seite herüber. So wird verhindert, daß das kostbare Fahrzeug auf den Fahrer fällt und eventuell Schaden nimmt. *Wichtig:* Immer über die Schulter abrollen und dabei das Kinn auf die Brust drükken. Etwas vom Pedal abstoßen, dann erfolgt der „Rollover" flüssiger. Sturzring nicht vergessen! Das übt man erstmal auf weichem Untergrund, dann auch aus langsamer Fahrt.

Abb.146 Powerslide

Powerslide ist eine Brems- und Kurventechnik, die eigentlich nur auf rutschigem Untergrund (Schnee und Eis, nasser Rasen, Sand) gut funktioniert. Das Geheimnis ist, dem Hinterrad den Bodenkontakt zu nehmen und den Vorwärtsschwung in eine Kurvenbewegung umzuleiten. Und so wird's geübt: Auf glattem Untergrund steuerst du mit Vollstoff eine enge Kurve an. Mit gestreckten Armen ziehst du den Körper nach vorn oben, knallst die Hinterradbremse an und drückst den Gaul mit den Schenkeln in die Kurve.

Durch das Blockieren und Anlüften des Hinterrades rutscht es in einer imposanten Staubwolke herum. Yeah, John Wayne.

Abb.147 Bunny-Hop

Das **Überwinden von Geländehindernissen** sollte einem „Grobstoller" wie dir nicht nur eine Möglichkeit, sondern eine Verpflichtung sein. Einem im Weg liegenden Baumstamm auszuweichen never! Drum üben wir den Karnickelsprung, den **Bunny Hop**. Du gehst aus langsamer Fahrt in den Wheelie. Aber sofort, wenn das Vorrad in die Höhe steigt, drückst du den Lenker wieder weg und verlagerst das Gewicht nach vorn - alles, während das Vorderrad noch in der Luft ist! Wenn es wieder Bodenkontakt bekommt, hebt das Hinterrad ab. Zuerst sieht der Jumper noch ziemlich bockig aus, beim Üben wird es fließender. Wheelie und Endo gehen ineinander über. Schließlich, und daraus besteht der Bunny Hop, kriegst du das Hinterrad schon hoch, während das Vorderrad noch in der Luft ist. Erst bei der Landung setzen beide auf. Geschafft! Das erste Hindernis ist noch ein Besenstiel (haha), dann ein Brett, zum Schluß ein kleiner Baumstamm. Diese Sprungtechnik wird durch Pedalhaken sehr erleichtert.

Das **Erklettern** einer Rampe, eines parkenden Autos o.ä. stellt schon höhere Anforderungen. Deshalb backe auch erstmal kleine Brötchen. Der erste Teil, Hochreißen des Vorderrades und möglichst spät aufsetzen lassen, ist natürlich einfach. Schwieriger ist das Nachholen des Hinterrades, weil man dabei nicht pedalen kann. Also: Aus dem Sattel, Kurbeln waagerecht, Vorderrad hoch und rauf, dann sofort Schwung nach vorn! Das entlastete Hinterrad folgt dem Vorwärtsschub und wird zwangsläufig den Absatz hochgezogen. Das läuft nur, wenn die Geschwingkeit hoch genug ist. Es gilt daher, rechtzeitig vor der Barrikade Fahrt aufzunehmen.

Gehe ich recht in der Annahme, daß du jetzt Blut geleckt hast? Laß uns noch ein Kunststück versuchen. Ich nenne es **„Half Rockwalk"**. Es beginnt mit einem Endo. Also mit gezogener Vorderbremse das Hinterrad hochziehen. Während der Schwebe, unter Ausnutzung des Anfangsschwunges, durch Gewichtsverlagerung eine Drehung zur Seite machen. Das Hinterrad folgt zwangsläufig. Mit Aufsetzen des Hinterrades den Lenker geradedrehen und in die neue Richtung davonfahren. Tschüß, hat Spaß gemacht. Eine ganz simple Übung, die schon nach wenigen Monaten intensiven Trainings klappt. Nonplusultra wäre dann die volle Drehung. Nach dem Aufsetzen des Hinterrades sofort den Wheelie dranhängen und noch einmal um 180 Grad drehen. Der Anfangsschwung muß dann für beide Turns ausreichen.

148 Aufrecht stehend: zu wenig Traktion

Steigungen fahren
ist sportlich, notwendig und macht Laune, wenn's nicht zu lange dauert. Die Einweihungsriten dieser Kunst sind immer dieselben. Man saust auf den Hügel zu, schaltet

rechtzeitig zurück und stollt mächtig bergauf. Jetzt wird es plötzlich ausgesprochen mühsam. Instinktiv raus aus dem Sattel, im Wiegetritt Power auf die Pedale! Klar, die Power kommt, aber das Hinterrad dreht durch und sprüht eine Fontäne Tannennadeln nach hinten. Auweia. Jetzt bist du zum Stillstand gekommen. Das nächstemal läuft das aber anders! Wieder hoch vom Sitz und aufrecht ins Gefecht. Mit langem Arm am Lenker gezerrt, diesmal das Gewicht ganz hinten überm Rad. Klar, das Hinterrad greift jetzt. Aber das Vorderrad? Es spürt dein Gewicht nicht mehr und streckt die Nase hoch in die Luft, um sich nach dir umzusehen. Autsch! Und so geht's richtig:

Längere, nicht zu steile Steigungen mit relativ glattem und festem Boden nimmst du wie mit dem Randonneur: weit hinten im Sattel *sitzend*, im kleinsten Oma-Gang gemächlich aufwärts kurbelnd. Hauptsache, das Tempo reicht aus und du kannst kleinen Hindernissen souverän aus dem Wege gehen. Geröll, Baumwurzeln und ähnliche Herausforderungen lassen sich so nicht mehr meistern. Es hilft nichts: Du mußt dir eine neue Technik des Wiegetritts aneignen. Ganz einfach. *Du hältst die Arme gebogen, die Nase über den Vorbau und damit automatisch den Hintern über den Sattel.* Diese Katzenbuckelhaltung mal mehr vorn, mal mehr überm Hinterrad - ist der Hit für Gipfelstürmer.

Abb.149 Korrektes Hangfahren

Das **rechtzeitige Herunterschalten** vor dem Hang, oben bereits erwähnt, ist außerordentlich wichtig für den fließenden Klettervorgang. Von einem hohen Gang läßt es sich nie schnell genug herunterschalten, die Spanne vom schnellen Anlauf bis zum abrupten Stop mit Umfallen ist überraschend kurz.

Zwischendurch ein Wort zur **Lenkung**. Im rauhen Gelände hält sich die Lenkstange etwa so ruhig wie ein Preßlufthammer. Der Trick besteht darin, sich vorzustellen, mit den **Schultern zu lenken** statt mit den Händen. Das heißt, man verschiebt die Schultern zur Seite - der Lenker folgt von selbst. Auf einem freien Platz läßt sich das „Körperlenken" bestens üben, indem man sich eben nur darauf konzentriert und nicht ans Steuern denkt. Schultern nach links und nach rechts, dabei den Sattel mit den Oberschenkeln in die entgegengesetzte Richtung wuppen.

Abb.150 Bergab wird mit den Knien gesteuert

Bergab geht es leichter? Da bin ich nicht so sicher. In einem durch Kettler verteilten Artikel des *„manager magazin"* wird davon geschwärmt, mit 100 km / h die Almwiesen herunterzufegen (!). Lassen wir den Lenkstangen-Münchhausens ihren Spaß und wenden uns dem edlen Biker-Handwerk zu. Außer perfekt funktionierenden Bremsen gibt es bei Steilfahrten vor allem eines zu beachten: **Schwerpunkt nach hinten und unten**. Die Füße stehen fest auf den Pedalen, Kurbeln waagerecht. Mit dem Schnellspanner rutscht der Sattel im Nu auf den tiefsten Punkt; du selbst hängst dich mit gestreckten Armen nach hinten und

151 *So werden extrem steile Abfahrten gemeistert*

nimmst den Sattel zwischen die Knie. In Extremfällen hockst du dich gar direkt übers Hinterrad, mit dem Bauch über dem Sattel. Die Hinterbremse so gefühlvoll betätigen, daß das Rad nicht blockiert (passiert leicht); mit der Vorderbremse kannst und mußt du hierbei kräftiger zupacken. Das gilt, wohlgemerkt, nur bei der oben beschriebenen Körperhaltung. Denn im Sattel sitzend bzw. mit den Füßen nicht auf den Pedalen geht es über den Lenker hinweg zu Boden. Den Lenker geradeaus halten (genau, mit geraden Schultern), denn zwecks Steuerung drücken die Knie den Sattel nach links und rechts. Auch die Füße auf den Pedalen wirken dabei mit.

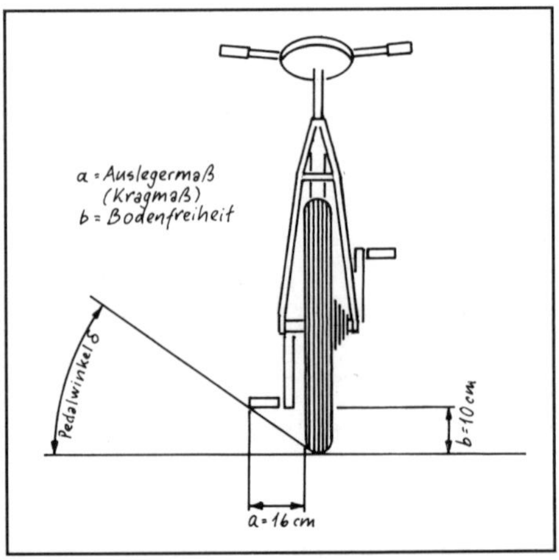

152 *Auch die Geometrie gibt Aufschluß über die Bergtauglichkeit des MTB*

Zu steile Hänge müssen im Zickzack gepackt werden, d.h. in **Schrägfahrt**. Die Abbildung zeigt dein Mountain Bike von hinten. So sehen es deine Gegner bei späteren Wettkämpfen. Es hat wahrscheinlich einen Pedalwinkel von *alpha = 32°*, wenn die Pedale parallel zum Boden stehen. Die Bodenfreiheit *b* beträgt dann 10 cm und das Auslegermaß *a* = 16 cm. Fährst du den Steilhang „straight down", stört dich die begrenzte Bodenfreiheit wenig.

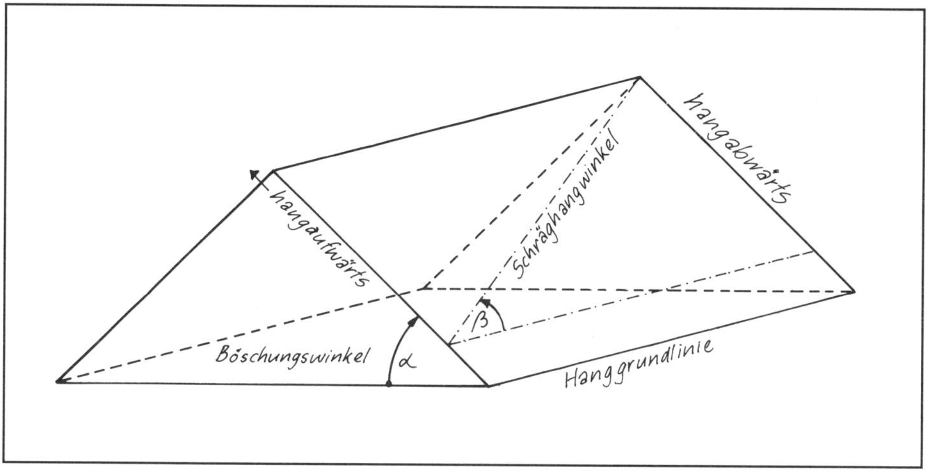

153 *Steil oder schräg in die Höhe?*

Krebst du dagegen parallel zur Hanggrundlinie, bleibst du mit dem „Bergpedal" hängen - falls der Böschungswinkel gleich oder größer dem Pedalwinkel ist. Es gilt also, so flach wie möglich bzw. so steil wie nötig zu fahren - reine Übungssache. Und wie geht das nun mit dem „Wedeln", der Serpentinenwendung? Jetzt kommen die Früchte unserer Übungsstunden zur Geltung. Entweder der *Powerslide* oder der *Rockwalk*. Bei ersterem zieh die Hinterbremse an, daß das Rad eben blockiert. Die Bodenhaftung ist jetzt so gering, daß das Hinterteil der Kiste mit etwas Nachhilfe von Knien und Füßen leicht herumrutscht. Sowie du die Bremse löst und das Hinterrad Traktion hat, geht es wieder geradeaus. Beim Rockwalk gibst du etwas Extradruck auf die Vorderbremse, hüpfst leicht von den Pedalen hoch und wirfst das Rad herum. Lenker, Arme, Vorderrad und Schultern zeigen dabei stur geradeaus. Erst nach dem Aufsetzen des Hinterrades folgt der Lenker, und weiter geht es auf neuem Kurs...

Diese Manöver erfordern Mut und Konzentration und vor allem einen Helm.

Abb.154 *Rockwalk*

Fast hätte ich vergessen, eine ausgefallene Beschäftigung zu erwähnen: **Treppenfahren**. Dies war für mich der zweite große Aha-Effekt (der andere: zum erstenmal mit dem Fahrrad durch einen Sumpf fahren). Diese Wunderwaffe erlaubt es also ungestraft, nicht nur Kantsteine auf- und abzuhüpfen, sondern ganze Freitreppen majestätisch herunterzurollen. Die Technik ähnelt der des Gefällefahrens. Weil die Stufen von brutaler Geradlinigkeit sind, müssen sie unbedingt senkrecht abgefahren werden. Auch dabei ist es schon schwer genug, den heftig bockenden Lenker geradezuhalten. Schrägfahrt führt unweigerlich zum Sturz. Dicke Reifen federn am besten, sie sollten höchstens bis zum Minimaldruck aufgepumpt werden, es darf aber auch weniger sein. Dann geht er ab...

Solltest du schon einmal die Sahara durchquert haben, dann kennst du die gefürchteten „Wellblechpisten". Solche entnervenden, waschbrettähnlichen Bodenprofile kannst du auf zweierlei Weise hinter dich bringen: gemütlich im Sattel, im kleinen Gang durch jede Kuhle schaukelnd. Oder du versuchst stehend, mit möglichst viel Tempo, von Gipfel zu Gipfel zu hämmern. Temperaments- und Konditionssache.

Umweltschutz

Da behaupten wir nun mit Vehemenz, im Besitz des umweltfreundlichsten aller Verkehrsmittel zu sein - und da wühlen diese Gelände-Rambos die Ökologie kaputt und versauen uns den grünen Ruf! Schlagzeilen wie die nebenstehenden lassen kritische Tendenzen erkennen gegenüber dem Rad, mit dem man alles machen kann. Haben wir nicht argwöhnisch beobachtet, wie Allrad-Automobilisten und Endurofahrer in grenzenloser Benzinfreiheit durch die Restnatur heizten? Nun begeistern wir uns für ein Fahrzeug, mit dem eine Minderheit dasselbe treibt. Wußtest du, daß z.B. die kalifornischen Nationalparks für MTB-Abenteurer inzwischen Tabu sind? Auch im Umland des schweizerischen Zermatt hat man ein klares Verbot ausgesprochen, Schweizer Bergbahnen nehmen z.T. keine Berg-Velos mehr mit. Gestört fühlen sich vor allem Bergwanderer, Bedenken kommen auch von Naturschützern. Auf der anderen Seite setzt Österreich, als MTB-Country schlechthin, voll auf radelnde Bergtouristen und wirbt lauthals mit Skiliften, die nun auch sommers das Fremdenverkehrs-Potential ausschöpfen und die strapazierten Pisten von lästigem Grün befreien. Bei der Umweltproblematik gilt es weniger, das Fahrrad vors Tribunal zu stellen, als vielmehr die Benutzer unter die Lupe zu nehmen. Natürlich braucht der MTB-Fahrer das Gelände. Erfahrungen mit vielen „Off-Roadies" zeigen jedoch, daß der Fahrspaß sehr schnell seine Grenzen erreicht. Klar, zunächst geht es mit dem neuen Rad in die Wildnis. Aber durch die Wiesen zu rasen, das Unterholz aufzumischen und dergleichen sind mit mehr Mühe verbunden , als man vorhatte zu investieren. „Einer kam durch" verliert bald seinen Reiz, und zurück geht's auf die Kulturpfade, will sagen Feld-, Wald- und Bergwege. Wer auch sonst halbwegs normal ist, wird dabei kein Murmeltier plattfahren und keinen Naturfreund vom Wanderweg scheuchen (und wer weiß, wieviele Wandersleut mit dem Auto bis zum letzten Meter Straße rollen, um dann ihren Spaziergang anzutreten?). Und doch, es gibt diese dollen Hechte. Mal verkleiden sie sich als alternative Reiseradler, mal als Sportler, auch in den Werbeabteilungen einiger MTB-Schmieden wird dieser Mythos vom

Lockruf
der Wildnis

draufgängerischen Pneu gepflegt. Selbst die Zeitschrift „tour“ brachte im Vorspann zu einer Schnee-Biker-Story den bezeichnenden Satz: „Doch unsere Autoren sagten sich, sie walzten auch nicht mehr Grasnarbe platt als die meisten Skifahrer“. Eben. Die beiden Draufgänger dann im O-Ton:

„Ununterbrochen sind wir von Zuschauerhorden umringt, die uns ständig mit Fragen bombardieren und die grobstolligen Reifen befühlen“... Und als man den Veloten eine Pistenabfahrt verwehrt: „Beim nächsten Trip werden wir mit unseren Rädern wohl nach Frankreich fahren. Dort haben die Leute für Sportler wie uns vielleicht mehr Verständnis...“ Hoffentlich nicht. Dann gab es die Geschichte von den Tibet-Touristen. Deren Begeisterung über die Härte und Schönheit der großen einsamen Fahrt konnte ich gut nachempfinden. Doch im nächsten Jahr wollen sie gleich einen Pulk Pedaltreter zu den unberührtesten Trails, entlegensten Dörfern und bisher nie geschauten Klöstern führen. Da kribbelt doch die Gänsehaut! Ähnlich die Kilimandscharo-Bezwinger, denen acht Träger das Gepäck hinterherschleppten. Über den Höhenrausch der Kettler-Werbung wurde schon gesprochen; Centurion haute mit seiner fernöstlichen Promotion-Karawane in dieselbe Kerbe und folgerte, Tibets Himalaya-Regionen seien „der härteste Testkurs des Planeten“. Weiter war zu lesen, „vor dem Start trug unser Sherpa drei Bikes auf einmal über

Abb.157 *So stellen sich Kettler und Herkules den Eroberertypen auf dem Mountain Bike vor*

←

Streit um Alpen-Radler

Mit Mountain-Bikes und Karacho die Berge hinunter

Neue Freizeitbeschäftigung erschreckt Wanderer

Himalaya-Radler

Kathmandu (dpa). Mit Aluminium-Fahrrädern sind die beiden Ingolstädter Hans Koller und Fritz Öttinger bis auf den 5600 Meter hohen Kala Pattar, den Vorberg des Mount Everest, geradelt. Ihr Ziel liegt hoch über dem Everest-Basislager und dem Khumbugletscher. Die beiden Sportler erreichten das Mount-Everest-Gebiet nach siebentägiger Fahrt am Montag vergangener Woche. Wie gestern die deutsche Botschaft in Nepal mitteilte, waren sie mit ihren Mountain-Bikes in Lukla zur Tour ins Herzland der Sherpas gestartet. Dabei durchquerten sie eines der wildesten Täler der Welt.

die Berge". Aber ehrlich, wer hätte sich nicht im stillen schon mal einen eigenen Sherpa gewünscht?

Doch zurück zur heimischen Natur und uns, den grünen 18Gang-Robin Hoods. Bei den Diskussionen über „soften" Einsatz der Pedaljeeps wird leicht vergessen, daß es auch hierfür gesetzliche Regelungen gibt. Im § 14 Bundeswaldgesetz ist nachzulesen, daß das Befahren des Waldes mit Fahrrädern nur auf Straßen und Wegen zulässig ist. § 27 Bundesnaturschutzgesetz besagt, daß auch die Flur nur auf Straßen, Wegen und ungenutzten Grundstücken zu betreten sei. Hierbei haben im Zweifelsfall jedoch die detaillierteren Landesgesetze Vorrang. Sie können z.B. das Fahren abseits von Wegen zur strafbaren Handlung erklären. Freuen wir uns also, daß man uns trotz dieser Paragraphen bisher wenig bürokratisches Geröll in den Weg gelegt hat. Die Heißsporne können sich konfliktfrei in den Kiesgruben austoben oder ihre Räder im Steinbruch am Seil emporziehen - macht auch einen Heidenspaß. Thomas Froitzheim vom ADFC Bremen resümiert: „Mountain Biking als Yuppie-Sport und als Massentourismus - beide Auswüchse gilt es zu verhindern. Ob dies gelingen kann, ist sehr fraglich, doch bleibt festzuhalten: Solange der Mountain Biker mit dem eigenen Rad anreist und es auch selbst den Berg hochstrampeln muß, wird es weder zum Massensport, noch zum naturzerstörerischen Tourismus-Effekt". Und über allen Gipfeln ist Ruh...

Die Waghalsigkeit der Boten
sportlicher Ehrgeiz, ihr einsamer
gen die Tücken des Verkehrs und
rung haben ihnen bereits einen ge
thos verliehen. „Pony-Expreß-Reit
ziger Jahre" nannte das Magazin
die radelnden Austräger. Auch
Schauspieler und schlecht verdien
ker haben den Botenjob als Alter
Taxifahren entdeckt. Die meisten
kommen aus den Gettos. Ein Du
verdienst von 400 Dollar in der W
einen Jugendlichen aus Harlem, de
ßer Arbeitslosigkeit oder Drogen
viele Möglichkeiten bleiben, eine

Blocklander klagen über ruppige Radler

Landwirte: Auf dem Deich häufig kein Durchkomm

Übeltäter auf Zweirädern

New Yorker Radfahrer entwickeln sich zur Landplage

Modelle auf dem Markt

Anlen

In Deutschland vertritt Rudolf Messingschlager den taiwanischen Exoten. Eine interessante Erscheinung - während dort meist die Auftragsarbeit geliefert wird, die dann unter Euro- oder US-Label auf dem Markt erscheint, haben die Taiwanesen hier eine komplette eigene Produktlinie aufgebaut. Die Güteskala läßt einfach keinen Bereich aus. Vom Sable aus Tange Prestige mit Sonderlackierung, ausgestattet mit Deore XT; Extreme (siehe Kapitel Rahmen), das seinen Namen zu Recht trägt; Skyhawk mit SunTour XC 9000 bis hinunter in die Billig-Gefilde. Eine Gruppe wirklich interessanter Bikes zu guten Preisen.

Abb.158 Anlen Skyhawk

Abb.159 Basso Vulcano

Basso

Vulcano (jetzt: Rocky) klingt nach ungezügelter Urgewalt; das Rad macht einen ganz anderen Eindruck. Italienisch leicht und munter eingefärbt rollt der Vulkan eher verspielt einher. Das handgearbeitete Gestell aus sauber gemufften Columbus CroMoly-Rohren wirkt sehr grazil, beinahe zerbrechlich. Ein Blick auf die angebotenen Rahmenhöhen zeigt, daß es mit 51, 54, 57 in der Tat sehr hochbeinig gebaut ist. Die Sitzstreben sind eindeutig zu lang. Dieser Trend zur Instabilität wird verstärkt durch die Plazierung der hinteren Canti-Bremse an den Sitzstreben. Gute Ausstattung (Deore XT, ITM-Sattelstütze) mit zwei Schnellspannern kann nicht darüber hinwegtäuschen, daß der Vulkan mehr in der Stadt zuhause ist als bei Mutter Natur. Die Geometrie erschwert Kunststücke wie das Wheelie; das kann man auch als Vorteil sehen. 1988 ist Basso mit Preisen zwischen 1.450 und 2.060 Mark noch exklusiv bei Radsport Brügelmann.

Batavus

Der Trapper des holländischen Unternehmens gehört zu den Rädern, die ganz am Rande der MTB-Klasse segeln. Stahl an Lenkerbügel und Sattelstütze, Plastikpedale.

Accessoires wie Bleche, Beleuchtung mit Seitendynamo (an Stollenreifen...), Klingel und Kettenschutz weisen auf die Zielgruppe hin (City, Straße). Die Ausrüstung mit Sachs-Trommelbremsen (wahlweise auch Cantilever-Modell) und Sachs Huret Rider Schaltung rücken das Rad in die Nähe der einfachen Kettler- und Herkulesräder.

Am Explorer (ChroMo-Rahmen in 48, 53, 58 cm) in „Aktions-Purpur" entdeckt man dagegen Anzeichen guter Mittelklasse: Shimano Exage Mountain Garnitur. Dazu dann wieder taiwanesische Kendo-Reifen, die nicht so gut sind, dafür aber die gefragte Stollenoptik liefern. Da kein Rahmenlabel angegeben ist, scheint es sich um ein No-Name-Erzeugnis zu handeln. Zwischen Trapper und Explorer tummelt sich der Rambler (Exage Trail), der nicht mehr Stadtrad und noch kein Geländerad ist.

Abb.160 Batavus Trapper

Abb.161 Batavus Explorer

Benotto

Nicht nur in der Fahrradmode drängt der rührige Benotto-Vertreter Jantzen auf den Markt, auch mit Rennrädern und dem Cheetah MTB hat er ansehnliche Stückzahlen zu verzeichnen.

Mit 998 Mark ist das Rad im unteren Sektor angesiedelt, auch die Ausstattung verweist dahin: vorwiegend Schlichtes aus Fernost. Kalloy-Teile (Sattelstütze) haben bei anderen Modellen in der Vergangenheit oft zu Reklamationen Anlaß gegeben. Die einfache Shimano Light Action arbeitet zwar mit SIS; den Kettenwerfer konnte ich jedoch nicht

Abb.162 Benotto Cheetah

dazu bringen, alle Blätter von 28 / 38 / 48 sauber zu bewältigen. Im Fahrverhalten fand ich den Cheetah weich in der Hand liegend. Das bedeutet: angenehmes Fahren auf der Straße, für Härteprüfungen jedoch zu indirekt. Schon vor der ersten Probefahrt waren leichte Rostspuren an der Mündung des Sitzrohres festzustellen. Der mitgelieferte Alu-Gepäckträger mit leichtem Verarbeitungsfehler reicht aus für den Bereich, in den ich das blauweiße, 15,2 kg schwere Einsteigermodell einordnen würde: gemütlich auf Straße und in leichtem Gelände.

Bianchi

Neben vier Modellen in straßenbetonter (STVZO) Ausführung bringt die Vespa-Tochter auch eine Offroad-Maschine

Abb.163 Bianchi CX

mit Columbus OR, Biopace II und Deore XT auf den Markt. Das bianchi-grüne CX ist von A (Ambrosiofelgen Aero MTB) bis Z (Zweifach-Schnellspanner an der Sattelstütze) mit besten Komponenten versehen. Das einzige, was mir nicht so gut gefällt, sind die rückwärtigen Sitzstreben-Cantis, statt einer U-Brake.

Die darunter angesiedelten Modelle LX, GX, RX, FX und Woman sind aus eigenen Rohren gebaut. Sie haben Dynamobeleuchtung, Gepäckträger und (zu kurze) Schutzbleche. Die Systemgruppen (SunTour Checker, Shimano Light Action, Ofmega Tretlager-Garnituren, Plastikpedale) markieren bescheidenere Ansprüche an Material und Fahrbedingungen als beim CX.

Nur wenige MTB-Macher nehmen sich auch der Kinder an. Bianchis Mountain Bike Boy mit 20"-Reifen ist ein witziger Hoppelzwerg mit natürlich nicht sehr anspruchsvollen Komponenten, aber einer erstaunlich guten Rahmengeometrie.

Abb.164 Bianchi Mountain Bike Boy

Bulldog

lautet der Markenname der österreichischen Cooperative Fahrrad. Vorwiegend am High-Tech der Fahrradtechnologie orientiert, verkaufen die engagierten Velofreaks Stadt- und Geländeräder mit individuellen Einzelheiten. Test und Beratung wird großgeschrieben, was sich auch in der Zusammenarbeit mit Österreichs erstem Fahrradbotendienst äußert. Als den Leuten, die sich selbst als eine der

Abb.165 Bulldog auf Technobull-Basis

ersten MTB-Adresse der Alpenrepublik bezeichnen, der Verkauf schöner und guter Räder (Kuwahara, Dancelli, Mecacycle) nicht mehr ausreichte, gingen sie kurzerhand selbst in die Produktion. Unter dem Bulldog-Label bauen sie auf Basis maßgefertigter Technobull-Rahmen (aber auch in einfacherer Weise) ihre Kundenlieblinge nach Wunsch zusammen. Die Abbildung zeigt zwei so entstandene Technobull-Panzer.
Adresse: Cooperative Fahrrad, Mollardgasse 20, A-1060 Wien.

Cannondale ...

„Diese Rahmen sind die stärksten, die du kaufen kannst". So lautet ein Slogan der selbstbewußten Amis. Mit den ungewöhnlich großen Rohrdurchmessern kommt wirklich mächtig viel Härte in den Aluminium-Rahmen. Dessen Konstruktion verkörpert genau das, was wir im Abschnitt „Rahmengeometrie" als konsequentes Wettkampfdesign skizziert haben. Steifheit, die ohne große Federverluste die Muskelkraft in Stundenkilometer verwandelt, dafür aber nicht die zähe Elastizität des Stahls aufweist. Hübsch finde ich sie gerade nicht, diese beinharten Muskelprotze mit den häßlichen Ausfallenden, aber beeindruckend. Das Flaggschiff ihrer MTB-Serie kommentieren die Hersteller ganz bescheiden und lakonisch: „The Red Shred is the best mountain bike in the world". In jeder Ecke Komponenten der Deore Xt-Gruppe - die Bottom Brake aber ist ausnahmsweise nicht am Tretlager, sondern an den Sitzstreben montiert. Das Powerrad ist für niemanden gebaut, der sich nicht selbst als hitzigen Off-Road-Sportler ansehen würde. In Deutschland gibt es die vier verschiedenen Boliden bei Drahtesel, Oderstraße 40, 4400 Münster.

Abb.166 Cannondale Red Shred

Centurion

Diese Bergziegen der ersten Stunde stehen für Rasse, Klasse und Spaß an der Technik. Man kann's unter anderem daran erkennen, daß auch ein Mittelklasse-MTB wie das muffenlos geschweißte Rocky II, knapp unter 1000 Mark, sehr gut ausgestattet ist (SunTour CX Sport, Suginotretlager 26 / 36 / 46). Wenn man einmal die Plastikpedalen vergißt, macht die Kurvenwendigkeit dieses guten Gebrauchsrades Laune. Neben den für eine Handvoll Dollar weniger bestückten Explorer 2 und dem nach dem Sportler benannten Wasmeier schnürt als viertes Modell das Country 7000 durch die Landschaft. Das schlanke Rad aus Tange 5 Rohren, in hornissenfarbigem Lack, fährt sich scharf im Antritt und ist mit den klobigen SunTour-Shiftern überaus sauber zu schalten. Gut im Geradeauslauf, dafür mit relativ großem Wenderadius. Über die Stabilität auch der Laufräder berichtete der kilometerstarke *Biker* Richard König: „Einwandfrei - 30 km ohne Luft gefahren, Felgen und Speichen haben sich nichts anmerken lassen". Die XC 7000 Schaltung ist mit der Ovalgarnitur von Sugino gekoppelt, vorn und hinten rotieren die feinen XC 9000 Naben. In dieser Art geht es weiter: Schwarzer Sakae-Vorbau mit Umlenkrolle für Bremszug, FAG-Innenlager, Tange Levin Steuersatz usw. Rahmenhöhen: 50,53,56,59,62.

Ein idealer Stadtsauser ist das Accordo GT, ein 28"-Rad. Sehr spurtstark, geht leicht in die Kurve, kommt bei tiefem Boden natürlich an seine Grenzen. Axel v.Blomberg, Propagandist der ADFC-„Softbiker", scheuchte das Vollblut durchs Gelände: Steifigkeit und Elastizität angenehm, auch bei Abfahrten über 60 km / h mit Gepäck kam kaum Unsicherheit auf. Mangelhaft waren die unsauber verarbeiteten Araya-Felgen. „Insgesamt gesehen habe ich meine Mischmaschine inzwischen so liebgewonnen, daß ich sie auch in der Stadt fahre".

Mit Bronco 20" und Marco Polo 24" spricht Centurion-Häuptling Renner auch die jüngeren Enthusiasten an.

Abb.167 Centurion

Cinelli

Abb.169 Cinelli Vertical

geht gleich mit sechs Modellen in die Berge. Bei allen findet man Columbusrohre vor (Cromor, OR, Cromor OR). Durchgehend gute Komponenten aus Japan, von Deore XT bis Exage, schmücken die muffenlos geschweißten Edelräder. Der Chefdesigner muß in der Farbgebung verschiedene Krisen durchgemacht haben. Da steht hoheitsvolles, sehr „englisches" Oliv neben den Eierfarben Weiß-Gelb und einem schrillbunten Pupillenschocker. Aber das beeinträchtigt in keiner Weise den guten Eindruck. Besonders interessant finde ich die drei Rahmenformen innerhalb der Rampichino-Serie, die jedem Rad einen unverwechselbaren Charakter geben: Vertical in geduckter Wettkampfstellung mit Rahmentrapez vorn und -dreieck achtern. Country als Touringrad mit endlos langem Steuerkopfrohr, überhaupt in Abmessungen, die für weiches Fahrgefühl und spurtreuen Geradeauslauf sorgen (man beachte den immensen Nachlauf!). Das Country sieht die Landschaft am besten von der Straße aus. Classic trägt seinen Namen zu Recht, verkörpert es doch den gewohnten Stil des leichten MTB mit zwei annähernd gleichgroßen Rahmendreiecken. Die Gabelstellung verrät auch hier mehr Geradeaus-Orientierung als Kurvenfreudigkeit. Statt der U-Brake eine Cantileverbremse an den Sitzstrebe, so signalisiert Cinelli, daß man hier nicht gerade an Matterhorntouren gedacht hat.

Cyclescope

ist die Hausmarke des Bielefelder Versenders bicycle. Es liegt wohl nahe, daß ein Händler, der sich intensiv mit der Auswahl guter Teile befaßt, sich irgendwann zum eigenen Label entschließt. Nach Renn- und Reiserädern nun das MTB aus „Tange Infinity", das komplett mit Deore XT bestückt ist (wahlweise auch SunTour XCD-6000). Auf den dicken Fatraxreifen schnarzt ein kompaktes, anständiges Bike daher, das mit seinen 1.500 Mark Preis und Ausstattung in ein sehr günstiges Verhältnis rückt.

Abb.170 Cyclescope Spezial

Eroba

Der 18-Gänger von Eroba steht für das Bemühen vieler Fahrradfabriken, unter der Flagge Mountain Bike neue Käuferschichten zu erreichen. Dabei nimmt die Optik einen höheren Stellenwert ein als die Funktionalität (Motto: niemals die Trinkflaschen vergessen!). Immerhin sind einige Bestandteile gar nicht verkehrt ausgewählt. Van Schothorst steuerte die Alufelge, Pelissier die Naben bei. Unter dem Tretlager spreizt sich ein gewichtiger Zweibeinständer. 589 Mark ist für ein MTB zwar ein sehr bescheidener Preis, aber doch eine Menge Geld. Wenn man es nicht partout auf die Berg-Optik abgesehen hat (vielleicht haben die Niederländer eine verborgene Sehnsucht nach dem Hochland?), ist man bei diesem Preis mit einem guten Tourenrad weit besser bedient.

Abb.171 Eroba MTB

Germans

sind zwar deutscher Herkunft, aber eigentlicher Namensgeber ist ihr Schraubenvater German Möhren. Der Heidelberger AT-Spezialist setzt gezielt auf hohes Niveau in kleinen Serien, wobei die Möglichkeit zu Sonderausstattungen besteht. Das Credo des Rahmenbauers: „Kurze Kettenstreben für bestes Klettervermögen, etwas steilerer Sattelrohrwinkel für besonders gute Kraftausbeute und nicht zu steiler Steuerrohrwinkel für kontrolliertes Fahren auch in

Abb.172 Germans MT

schwerstem Gelände". Unter dem „Standard-Spitzenmodell" MT-1 findet sich das MTL-1 mit abfallendem Oberrohr, gemufft, handgelötet, in derselben konsequenten Spitzenausstattung (SunTour XC Sport 7000, Maillard Diabolo Naben, Mavic Rando M4 Felgen, Ledersattel. 1980 Mark müssen dafür über den Tisch gehen. 500 Mark mehr kostet der nachtblaue Bikertraum MT-Professional mit muffenlos gelötetem (!) Super Vitus 983 Rahmen, Steuersatz mit Nadellager, Modolo Rocky Cantilevern (häßlich, aber eigenwillig) und dem kompletten SunTour XC 9000 Ensemble. Diese drei und dazu zwei MTB-Tandems gibt es bei:

German Möhren, Dossenheimer Landstraße 84, 69 Heidelberg.

Abb.173 Giant Messanger

Giant

dürfte einigen noch bekannt sein als das Rad im Windschatten von Koga Miyata. Doch seit langem sorgt eine eigene Verkaufsorganisation dafür, daß die „Giganten" immer häufiger auf unsere Straßen zu sehen sind. Messanger (895 Mark) ist als straßentaugliches Stadt-ATB gedacht. Ein

Kettenrad plus sechs Ritzel, dazu Canti-Bremsen vorn und hinten: Das Rad nimmt eine Stellung ein zwischen ATB, Stadt- und Tourenrad. Ungünstig ist die abgeknickte Kabelführung zur hinteren Felgenbremse. Sierra (985 Mark), ein einfaches MTB, geht zuviele Ausstattungskompromisse ein, um aufregend zu sein. Anders Super Sierra, ein ausgesprochen schönes Rad mit ausgezeichneten Komponenten. Schon die Farbe - ein undefinierbar schimmernder schwarz-metallic-graphitfarbener Lack, vermittelt Noblesse. Komplett dreifach konifizierte Rohre, geschmiedete Ausfallenden und die vollständige Deore XT-Linie prägen diese feine Maschine mit nur 12,5 kg Lebendgewicht. Pedalhaken und -riemen sieht man gerne, die Kendo-Stoller gefallen mir nicht so gut. Das Super Sierra hat „Biß" im Antritt, fällt weich in die Kurve und läßt sich ausgezeichnet manövrieren. Insgesamt mit 1.845 Mark korrekt bezahlt.

Abb. 174 Giant Super Sierra

Abb.175 GT Avalanche

GT

Auf die Dauer hilft nur Power, so oder so ähnlich muß die Losung für die GT-Leute lauten. Wie Cannondale im Aluminium, so Gt in Stahl. Das Avalanche ist ein hundertprozentiger Vorwärtsgänger und Kurvenkratzer mit ungewöhnlichem Skelett. Zusätzlich zur exotischen Dreiecksbildung fallen die Rohre durch rund-oval-runden Querschnitt auf. Das ist ungewohnt und sieht aus wie versehentlich plattgedrückt. Das Outfit bringt die neuesten und feinsten Komponenten zusammen: die nagelneue DiaCompe 992 U-Brake und den 9010 Umwerfer von SunTour. Ein vielgelobtes Spitzenbike, mit dem ich leider nichts anfangen konnte. Eine Erfahrung, die man ebensogut an einfachen Fahrrädern machen kann - kommt immer drauf an, wer damit fährt! In der Hierarchie der GT-Räder hangelt man sich über immer bescheidenere Systeme (Deore, Exage Mountain, Exage Trail) hin zu Sonderformen wie dem Pacific Flyer, einem echten Beach Cruiser ohne Gangschaltung.

Abb.176 Herkules Competition

Hercules

kann schon deshalb nicht übergangen werden, weil ein großer Teil des deutschen Marktes durch die Verkaufserfolge dieses Hauses geprägt ist. Die Nürnberger greifen auf Mannesmann Cromo-Rohre zurück und halten nur eine Rahmenhöhe (54 cm) am Lager. Das MTB Spezial ist nur als Straßenversion lieferbar, das bessere Competition auch nackt als Off-Road-Modell. Die schlichte, „stimmige" Lakkierung fällt angenehm auf. Durch die Abhängigkeit vom Hause Fichtel & Sachs ist Hercules auf eine entsprechende Teilepalette angewiesen. Für die Schaltung heißt das Sachs Huret Rider Long Cage, die mit 26 / 36 / 46 vorne und 13 / 15 / 18 / 22 / 26 / 32 hinten erstaunliche Übersetzungen anbietet. Ebenfalls von Sachs sind die Trommelbremsen Orbit (vorn) und Galaxie (hinten). Wer sich als Hot Shot an steilen Paßfahrten beweisen will, wird die Finger von diesem Rad lassen. Für deutsche Normalbenutzer scheint Hercules mit diesem Konzept jedoch ins Schwarze getroffen zu haben. Etwa 1.230 Mark wird für die Geländeausführung verlangt und bezahlt.

Abb.177 Kettler Safari Adventure S:

Kettler

Der Name steht für Erfolg - Kettler hat das Alurad für breite Käuferschichten salonfähig gemacht. In den letzten Jahren hat es der tüchtige Leichtmetall-Multi verstanden, auch den Mountain Bike Boom in einen zugkräftigen Trend umzuwandeln. Das mit Hilfe einer emsigen Werbeabteilung, deren Vorstöße bei bestimmten Schichten genau auf den Nerv treffen: „Wir sprechen besonders wohlhabende Familien an, die sich gemeinsam mit zuverlässigen und sicheren Rädern entspannen wollen". Das Anvisieren einer genau definierten Zielgruppe ist durchaus vergleichbar der Strategie, mit der Cannondale auf eine bestimmte Sorte betuchter Technikfreaks abzielt. Was den Velophilen jedoch mißtrauisch macht, sind die überschäumenden Lobpreisungen der Aluräder als Symbole der großen Freiheit schlechthin. Doch sehen wir sie uns zunächst an: Das Town & Country (mehr Town als Country) ist ein voll straßentauglicher 26-Zöller mit Shimano PPS 6-Gang (13-32 Z), Gepäckträger und Kettenkasten. Auffallend die 26 x 2.125 dicken Pneus, aber mit gemäßigtem Profil und Mittelsteg. „Ideal im Gelände, komfortabel auf Asphalt". Keineswegs. Lassen wir uns nicht den Blick verstellen: Das T&C ist ein prima Stadtrad, wobei die Reifendicke gern auf 2.0 oder 1.75 reduziert werden kann. Geländetauglich nur, wenn man am Strand spazierenfahren oder im Wald Pilze suchen will. Mit rund 800.- Mark ist das Fahrzeug als Familienrad ein Renner geworden. Das potentere Modell heißt Safari Hi-Tech Adventure (Off-Road) bzw. Hi-tech Adventure S (Straße). Ausstattung: Biopace, Schaltwerk-Schutzbügel, Cantilever vorn und an den Sitzstreben, Sattelstütze mit zwei Schnellspannern, Reifen wie am T&C mit Mittelsteg, klobiger Zweifinger-Vorbau. Man muß das im Vergleich mit ähnlich bestückten anderen Rädern und mit wirklichen High-Tech-Modellen sehen. Dieses Modell ist durchaus nicht zu verachten, aber es ist weder für „besonders extreme Belastungen" geeignet noch verkörpert es High-Tech. Die Weinmann-Bremsverstellung (mit Rändelmutter) ist sehr praktisch, aber nur unter *nicht* extremen Bedingungen. Kettler-Räder im Himalaya? Stephens hat mit seinem eisernen Hochrad mehr geleistet. Die Kettlerräder sind geeignet für den familiären Freizeitbereich und für den aktiven Radurlaub ohne wirkliche Strapazen. Das angebliche Leichtgewicht erweist sich im Vergleich mit guten Stahlrädern als mindestens ebensoschwer. Hat man die Vor- und Nachteile einmal erkannt, läßt es sich leichter über die vollmundige Werbung hinwegsehen.

Abb.178 Mount Everest...

Abb.179 ...oder Pilzsammeln?

Koga Miyata

hat in Fachkreisen einen Klang wie von Engelsharfen. Kritiker werfen ein, es sei vor allem dieser Name, der so sündhaft viel Geld kostet. Sehr teuer sind die ATB des japanisch-holländischen Produzenten in der Tat, aber ihre Qualität läßt dafür keinen Wunsch unerfüllt. Dafür gibt es auch lebenslange Garantie auf Rahmen und Gabel. Anfang 1988 hat Villiger die Deutschland-Vertretung übernommen, bislang bekannt durch den Vertrieb der Marke Kuwahara.

Das rund 2.200 Mark teure Adventure ist ein sehr ansprechendes, konsequent ausgerüstetes Off-Road-Reiserad mit den Teilen der Deore-Gruppe. Voll straßentauglich, mit Low-Rider-Gepäckträgern und einer Bereifung, die eindeutig am Straßenfahren orientiert ist. Sinnvolles Zubehör wie Seitenständer, Pumpe oder Halogenlicht ist für Koga selbstverständlich.

Die drei reinrassigen Mountain Bikes sind aus Koga FM 1 Hardtlite-Rohren, dreifach konifiziert und spiralverstärkt. Der Valley Runner mit Shimano Exage-Teilen und MKS-Plastikpedalen ist für ca. 1.600 Mark doch sehr teuer. Terra Runner, sehr schön gestylt in Schwarz und Rot, kostet 300 Mark mehr mit Deore-Outfit. Der Werbespruch „Starkes ATB für gemütliches Fahren" zeigt eher Understatement als Angeberei, denn dieses feine Rad ist schon ein echter „Hot Shot" für jedes Gelände. Man muß sich allerdings darüber im Klaren sein, daß Koga immer eine Preisklasse teurer ist als seine Konkurrenten (gemessen an der Güte der Komponenten).

Die Nummer eins in Kogas Hitparade ist der schwarzgelbe Ridge Runner mit einer pechschwarzen Biopace-Garnitur und Deore XT. Das steilstehende Kompaktrad zeigt auch in Einzelheiten Klasse: Kettenstrebenschutz aus schwarzem Kunststoff, Salsa-Vorbau mit Umlenkrolle für den Bremszug, MTB-Pedalhaken. Das Spitzenrad für Wettkampf und hartes Gelände kostet ca. 2.700 Mark.

Abb.180 Koga Terra Runner

Abb.181 Koga Ridge Runner

Kuwahara

Amerikanische Werbung kennt keine Hemmungen. Vor dem Hintergrund grün starrender Pantheraugen liest sich eine US-Anzeige so: „Kuwaharas Raubkatzen vom Panther bis zum Jaguar sind Hochtechnologie-Pakete, die nur darauf lauern, in Action auszubrechen. Wenn sie ruhen, bieten sie das perfekte Bild lässiger Eleganz, schlanker Linien und glanzvollen Exterieurs. Doch im Bruchteil einer Sekunde, mit einer Kurbelumdrehung, verwandeln sie sich in aggressiv grollende Raubtiere..."

Abb.182 Kuwahara Lion, hier in Straßenversion

Dazu gehört wohl nicht nur das Bike, sondern auch ein Rambo im Sattel, aber wahr ist, daß die japanischen Katzen vom Feinsten sind. In allen Details des dunkelblauen, metallisch glänzenden Gipfelstürmers Lion kommt Qualitätsbewußtsein zum Ausdruck und hoher technischer Sachverstand. Das Shimano Biopace vereinigt sich mit SunTour XC 9000 zu 18 Gängen mit hoher Untersetzung (32 Z hinten, 28 Z vorn). Bremsen: SunTour XC 7000 mit Power Cam. Der Rahmen des ca. 14,5 kg schweren Fahrzeugs ist aus Ishiwata Triple Butted Rohren in 49, 54, 59 cm Höhe. Das 1.800 Mark teure Fahrgefühl: Gut im Antritt, relativ weich in der Handhabung. Der sehr breite gekröpfte Lenker ist gewöhnungsbedürftig, mir geht er auf die Handgelenke. Lager, die wirklich dicht sind, machen das Abspritzen nach der Ferkelfahrt zum Vergnügen. Lion ist ein echtes AT-Rad, geländefit (wenn man richtige Knubbelreifen aufzieht) und stark auch auf dem Pflaster. Der Jaguar rundet das Geländetrio nach oben ab, der Cheetah nach unten.

Kynast

war bislang eher durch ein biederes Tourenrad-Sortiment bekannt. Mit dem Yeti ist nun auch in Quakenbrück das All-Terrain-Zeitalter angebrochen. Doch ganz so furchteinflößend und legendenumwoben wie der Bergmensch ist der dicke Draht-Yeti nicht. Es handelt sich um ein voll straßentaugliches 26"-Rad mit 2.125 dicken Mittelsteg-Pneus. Der ca. 17,5 kg schwere Rahmen läßt auf die Verwendung ganz normaler, dicker Stahlrohre schließen. Shimano PPS 18-Gang, einfache Cantis an Gabel und Sitzstreben vermitteln einen Hauch von Geländetauglichkeit, der nur in sehr leichtem Gelände zutreffen kann. Für 670 Mark würde ich mir ein gutes Tourenrad kaufen und es für meinen Bedarf ausstatten.

Abb.183 Kynast Yeti

Longus

Paul Lange, Shimano-Statthalter in Deutschland, schickte seinen Sohn zur Ausbildung nach Japan. Als der zurückkam, hatte er nur noch Flausen im Kopf: Mountain Bikes...

Doch 1984 konnte er damit bei keinem Hersteller landen - dem MTB mochte keiner eine Chance geben (kann

Abb.184 Longus Competition Pro

ich verstehen, habe auch nicht dran geglaubt). Also steckten die beiden Langes die Köpfe zusammen, endlich gab der Senior grünes Licht: Machen wir eben unser eigenes Fahrrad. Mit dem latinisierten Familiennamen Longus entstand 1984 neben den beiden anderen Vorreitern, Centurion und Koga, der dritte Hersteller serienmäßiger Mountain Bikes. Wegen der konsequenten Ausrüstung mit den besten Teilen der japanischen Hausfirma gilt das Longus als „Shimano-Rad". Der frühe Einstieg wurde im Laufe der Jahre durch hohe Umsatzsteigerungen belohnt.

Competition I ist die etwas einfachere Ausführung, geprägt von der Deore-Gruppe. Ein gutes Rad, dessen beste Eigenschaft jedoch darin besteht, den Mund wäßrig zu machen auf das Competition Pro. Vierfach lackiert (dunkelblau, grün o. rot mit weiß) - nicht poppig, sondern wunderschön. Der Tange MTB Rahmen (mit 53,56,60 nach oben orientiert) wird von Shimano hergestellt und fertig angeliefert. Deore XT überall da, wo man sie unterbringen kann. Für die Reifentraktion auch im frischgepflügten Acker sorgt Farmer John (26 x 2.125) mit dem gepfeilten Treckerprofil. Das Rad ist kurz, kompakt und „handy". In der Lenkung fühlt es sich ein wenig zu fest an, was vielleicht daher kommt, daß der Abstand von den Lenkerenden zur

Sattelspitze relativ kurz ist. Dafür ist es außerordentlich wendig und fällt von selbst in die Kurve. Das „Pro" reagiert unmittelbar und exakt und läßt sich in jeder Lage phantastisch dirigieren. Gegen Aufpreis bekommt man auch einen Umrüstsatz mit Blechen und Beleuchtung. Während beim Sanyo-Felgendynamo das Herz im Leibe lacht, taugen die Bleche wenig: Sie sind aus Metall und schlecht lakkiert. Also besser selbst zusammenstellen. Das Longus Pro kostet ca. 2200 Mark.

Abb.185
Mittendorf Super MTB

Mittendorf

An mangelndem Selbstbewußtsein haben diese deutschen Rahmenbauer nicht zu leiden. Hans Mittendorf und Günther Sattler lassen Sprüche rasseln wie Oskar Matzerath seine Blechtrommel. Aber es steckt allerhand dahinter.

Sein Super Mountain Bike lötet Mittendorf aus Reynolds 531 MTB zusammen, natürlich maßgeschneidert in jeder gewünschten Rahmenhöhe. Die Innenrohre werden versiegelt. Nach Wunsch wird das Bike mit SunTour- oder Shimano-Gruppen versehen, auch über das Profil der 26 x 2.125 Reifen wird vorher gesprochen. Ein Ideale 92 KR Ledersattel gehört standardmäßig dazu. Wie bei den meisten seiner Räder baut der Meister auch hier sein patentiertes gekröpftes Ausfallende ein, für das zu werben er nicht müde wird. Das geniale kleine Teil erlaubt die symmetrische Zentrierung des Hinterrades, ohne dabei die Achse zu verlängern. Allerdings ist seine Ansicht, daß jeder, der ohne sein Ausfallende fährt, bei hoher Belastung mit einem Achsenbruch rechnen muß, stark übertrieben. Der Preis kann mit 2.680 Mark nur ein Anhaltspunkt sein und bei entsprechenden Sonderteilen noch in die Höhe klettern. Mittendorfs Bike ist ein voll belastbares Allzweckgerät, das keine Härte zu scheuen braucht. Die Geometrie rückt es in die Nähe der AT-Reiseräder - von Hügel bis Hochgebirge. Von der Konstruktion ausgewiesener Wettkampfräder ist es weit entfernt.

Nishiki

verbindet man automatisch mit Radsport Rose. Der Bochumer Versender, dessen Programm schon vor Jahren ein Faible für Touring, Gelände und sonstige Extravaganzen verriet, vertritt diese Marke in Deutschland. Insider wissen sie als Top-Firma mit realistischen Preisen zu schätzen (bei einigen Modellen sogar unrealistisch preisgünstig).

Das erste, was mir am Pinnacle auffiel, war der gute Dural-7 Einbeinständer. Den baut sonst niemand serienmäßig an. Dieses kleine Detail zeigt, daß dort Profis am

Abb.186
Nishiki Pinnacle

Werk sind, die nicht nur verkaufen, sondern auch selber fahren. Bei der grau-roten Lackierung des Tange-2-Gestells (ungemufft mit Sitzrohrverstärkung) konnte man sich nicht ganz entscheiden: Machen wir einen auf fetzig oder soll's was Schönes sein? Nach der ersten Probefahrt denkt man jedoch nicht mehr an Äußerlichkeiten: Das Pinnacle ist einfach ein phantastisches Fahrrad, das auf der Straße wie im finstersten Gelände nichts zu wünschen übrig läßt. Deore XT vom Umwerfer bis zur U-Brake, ein sehr gut zu greifender Lenker (Salsa-Vorbau mit innenverlegtem Bremskabel) und ein hervorragender italienischer Wildledersattel (Turbo Anatomic) sorgen für spitzenmäßigen Fahrkomfort. Gut im Geradeauslauf, wendig genug (wenn auch weniger als z.B. Longus), fährt sich das Pinnacle trokken, genau und trotzdem nicht hart. Für kleiner Biker-Kunststückchen ist es immer zu haben. Die Bereifung (Cycle Pro 26 x 1.95 Stollen) entspricht genau meinen Vorstellungen: geländetauglich, ohne zu klobig zu sein.

Abb.187
Nöll Touring-ATB

Nöll

Reine MTBs gibt es zur Genüge, meinte Achim Nöll und entwarf einen Rahmen, der Reiserad und Mountain Bike unter eine Muffe bringt. Er rollt auf 28"-Rädern, läßt alle

Reifenbreiten bis 47 mm zu und hat dabei große Bodenfreiheit. Außer Cantileverbremsen kann sich der AT-Reiseradler auch die absolute Extravaganz ans Rad holen. Nöll hat sich seit der Serienreife der Magura-Hydraulikbremse mit dieser Technik beschäftigt und sie für seine Zwecke weiterentwickelt. Vorteile sind die hohe Bremsleistung (fast keine Reibungsverluste) und die sehr raumsparende Bauweise. Um das große Problem der richtigen Dosierbarkeit in den Griff zu bekommen, wurde lange herumgetüftelt. Das Ergebnis: Mit einem Hebel werden Vorder- und Hinterbremse gleichzeitig betätigt, ein zweiter Hebel wirkt zusätzlich auf das Vorderrad. Dieses System, verspricht Nöll, kann jede geforderte Bremsleistung erbringen.

Zahlreiche Anlötteile am Mannesmann-Rahmen ermöglichen die Anbringung aller gewünschten Reiseraffinessen. Ausstattung (z.B. Deore XT, aber auch Simplex) nach Wunsch. Im Preis von ca. 2.220 Mark ist auch das gesamte Straßenzubehör wie Walzendynamo und Halogenlicht enthalten.

Abb.188
Peugeot VTT 4

Peugeot

Von der ältesten Fahrradfabrik Europas kann man nicht erwarten, daß sie den aktuellen Modetrend ignoriert. Peugeots Orientierung an Massenware zeigte sich auch in den MTB-Modellen mit Alibi-Ausstattung und Preisen um 900 Mark. Das neue VTT 4 Alpine Express zeigt etwas mehr

„Fleisch am Knochen“: Immerhin drei Rohre Reynolds 501 AT (50,54,57 cm), Biopace, Shimano 700 Schaltung und Helicomaticnabe mit fünf Ritzeln in schlechter Abstufung (14 / 17 / 21 / 26 / 32), billige Gußpedale, aber guter Vetta-Anatomic-Sattel. Die 26 x 2.125 Reifen von Michelin sitzen auf Rigida-Kastenfelgen. Mit ca. 1.370 Mark nicht gerade billig. Neu ab 1988 sind auch zwei kleine MTB, Rocky Mountain 24“ (ca. 655 Mark) und Ranger 20“ (ca. 400 Mark).

Abb.189 Pinarello Antelao

Pinarello

Aus Columbus OR bauen die Italiener sauber gemuffte Rahmen zwischen 50 und 60 cm (2 cm-Abstufungen). Auffallend die verchromte Kettenstrebe, die sehr praktisch ist, aber auch Materialprobleme durch Versprödung verursachen kann. Das Antelao kann man als echte Schottersäge benutzen. Die Shimano-Cantilever sind mit Kabelbrücken aus eigenem Hause versehen, die durch die getrennte Einstellung der Bremsbacken zwar etwas fummeliger sind, aber endlich das Problem des unterschiedlichen Zupackens eliminieren. Das Cristallo (Columbus Cromor OR) mit Doppelkettenrad und Shimano M 450 ist dem Mischbereich Stadt / Land / Gelände zuzuordnen.

Raleigh

Auch schon über 100 Jahre Fahrradhersteller, hat das traditionsreiche Unternehmen seit jeher „English craftsmanship“ verkörpert - und obendrein das gewisse noble Styling.

Abb.190 Raleigh Maverick

Letzteres ist in der unglücklich eingefärbten MTB-Familie (Ausnahmen: Maverick, Magnum) verlorengegangen. Lassen wir den Lack und die bescheuerten Werbesprüche („erfolgsgewohnt und aggressiv wie Sie") beiseite, nehmen wir die Technik unter die Lupe. Extreme, durchweg mit Deore XT versehen, schießt mit 2.300 Mark den Vogel ab. Es kommt unverständlicherweise nur in 56 und 61 cm, das Rahmenrohr (CroMo doppelt konifiziert) läuft unter der Etikette des Herstellers. 26 x 2.00 Reifen sind genau das Richtige für die Allround-Kurbelei. Avanti (Reynolds 531 AT in 49, 53, 57) zeigt veränderte Geometrie durch ein kürzeres Steuerkopfrohr. Mit der kompletten Deore-Gruppe kommt es auf 2.000 Mark. So geht die Treppe mit Impulse, Instinct, Ozark, Butte herunter - Raleigh hat allein sechs sauber verarbeitete Modelle zwischen 2.300 und 1.150 Mark auf Lager. Im Billigbereich rollen Nova, Maverick, Magnum und Mustang. Zwar nichts für passionierte Rauhreiter, aber: Bei Preisen zwischen 600 und 800 Mark sind sie gleich teuren Billigmodellen anderer Produzenten weit überlegen. Das gilt besonders für das Maverick (730 Mark)

Schauff

Die Fahrradfabrik von Hans Schauff mit 60 Jahren Tradition nimmt in Deutschland eine Sonderstellung ein. Made in Germany, teilweise noch durch schwarz-rot-gelbe Lakkierung betont, heißt hier: Rahmenfertigung und Endmontage in einer Hand. Massenfertigung ist das zweite Kennzeichen: Hunderttausende BMX-Räder und zig-tausend

Tandems tragen das Velo-Schauff-Label. Drittes Charakteristikum ist der Einfallsreichtum, der sich immer wieder in neuen Modellen und Detailverbesserungen äußert. Wer hat sonst schon den Mut, ein Rennrad von einem „jungen Künstler“ bekrackeln zu lassen und es als „Ars-Velo“ zu präsentieren? Toll!

Abb.191 Velo Schauff Djungle

Die MTB-Reihe beginnt mit dem 24“ Kid Scout, um dann kontinuierlich in gezielten Abstufungen aufzusteigen. Die einfachen Super-Wilderness-Modelle sind überraschenderweise mit BMX-Gabeln versehen, die hier seltsam deplaziert wirken. Weitere Einsteiger-Bikes wie Djungle (StVZO-tauglich, ca. 800 Mark) und Sierra Nevada (auch als Straßenversion) zielen auf Straße und leichtes Gelände. Die Ausstattung ist teilweise durch Kompromisse gekennzeichnet: Schutzbleche zu kurz, Geländereifen mit Mittelsteg, Nervar-Kettenräder, normaler Dynamo. Die „richti-

Abb.192 Velo Schauff Himalaya

gen" MTBs Kaschmir (in Shimano Exage-Ausstattung) und Rocky Mountain (mit Deore-Komponenten) haben immerhin die drei Hauptrohre aus Cromoly. Das Top-Rad Himalaya basiert auf einem Tange-Infinity-Rahmen mit der Deore Xt-Gruppe, darunter bereits das Biopace II. Gut ist die Sattelstütze (senkrechte und waagerechte Schnellspann-Vorrichtung) mit Cinelli-Sattel. Als einziger Hersteller stattet Schauff seine drei Voll-MTBs mit unterschiedlicher Vorder- und Hinterbereifung aus - vorn mit dickeren Pneus als hinten. Im Lenkerbereich fällt sofort der neue Kusuki-Vorbau mit Kugelkopf ins Auge. Dieses interessante Teil hat jedoch den selben Nachteil wie der Vorgänger (Zweifinger-Vorbau von Sakae): Es verlagert die Körperposition zu weit nach vorn. Das Himalaya fährt sich überaus angenehm und fällt in die Kurve, als sei es mit Servolenkung ausgestattet. An Lenker und Vorbau wären Verbesserungen möglich, denn die nach vorn gebeugte Sitzhaltung ist zu anstrengend und macht „Wheelies" unmöglich. Bei der Innovationsfreude des Herstellers kann ich mir vorstellen, daß man hier bald Abhilfe schafft. Für rund 1.900 Mark ist man mit diesem Rad sehr gut bedient - wenn der Händler vorher noch Inbus-Schrauben in die Gewindebuchsen an der Vordergabel setzt. Das gehört bei dieser Preisklasse einfach dazu.

Specialized

„Kann mich gar nicht entscheiden, ist alles so schön bunt hier!" sang Nina Hagen ... Doch bunter Lack ist weiß Gott nicht alles, was die kalifornischen AT-Spezies zu bieten haben. Der Name ist Programm, alle drei Grundmodelle (insgesamt sieben Räder plus Damen- und Jugendvariante) sind empfehlenswert. Mit dem Hardrock hat man für 1000 Mark ein gutgemachtes, gutaussehendes Bike mit SunTour XCD 4050 Index unterm Sattel. Top of the Line ist der Stumpjumper Team aus Tange-Prestige-Rohr mit der brandneuen elektronischen Browning-Automatikschaltung (ha, ich sehe dich schon zum Telefonhörer greifen nein, frage nicht mich, sondern den Generalimporteur Reyschmidt & Starosta, Wächtersbacher Straße 76, 6 Frankfurt 61). Die Versionen für anspruchsvolle Normalverbraucher basieren auf Deore XT (Stumpjumper Comp., 2.430 Mark)

Abb.193 Specialized Rockhopper Competition

Abb.194 Specialized Stumpjumper Team

bzw. Deore (1.750 Mark), doch hat Specialized selbst eine Reihe von ausgefuchsten Komponenten entwickelt (Vorbau, Felgen, Steuersatz, Reifen, Sattel) und setzt sie gezielt ein. Rockhopper Competition (1.600 Mark) repräsentiert den mittleren Bereich des Programms. Mit Deore und Biopace sowie den oben beschriebenen Eigenkomponenten ein schöner Flitzer (Crossroads 26 x 1.50 mit kleinen Stollen). Der Rockhopper fordert auf zu temperamentvollem

Fahren und britzt überall rasant ab - außer wenn's wirklich tief wird. Nur zwei Dinge haben an diesem doch recht teuren Rad überhaupt nichts zu suchen: die billigen MKS-Plastikpedale und die japanische Strong-Sattelstütze. Gerade bei dem feinen Specialized-Lambda-Sattel ist man verärgert über eine Sattelklemmung, die einfach Mist ist. Der einfache Rockhopper begnügt sich mit der Shimano Mountain Gruppe und mit Araya-Felgen und kostet ca. 1.300 Silberlinge.

Technobull

Schon 1982 überraschte Günter Sattler mit einer Premiere: Er stellte das erste bei uns handgefertigte Mountain Bike vor (oder war er etwa nur der erste, der es werbetrommelnd verkündete?). Arne Körtzinger, Radreisender der Abenteuer-Kategorie, schrieb in dem Buch „Extremtouren mit dem Fahrrad" (Moby Dick Verlag) über seine Islandfahrt mit diesem Rad.

Das Technobull Sherpa besteht aus Columbus OR mit den Komponenten von Deore XT, trägt einen beliebigen Ledersattel oben und Dickreifen nach Wahl unten. Das ist schon bald alles, was sich verallgemeinernd sagen läßt. Das Markenzeichen von TB steht nicht allein für die Ausführung auch spezieller Kundenwünsche, sondern für eine Menge eigener Entwicklungen. Letztlich gleicht kein Sherpa dem anderen. Am besten werfen wir einen Blick auf die nebenstehende „Expeditionsmaschine".

Abfallendes Oberrohr - aha, der Mann weiß Bescheid. Hochinteressant sind die (abschraubbaren) Gabelstabilisatoren zwecks höchster Stabilität. Nötig nur, wenn viel Zuladung auf den Vorder-Gepäckträger kommt. Doch da sollte man ohne Not eh nichts verstauen. Die Träger sind auch aus der eigenen Hexenküche, sie sollen einem Blackburn in nichts nachstehen. Der modifizierte Motorradlenker sieht sehr bequem und griffig aus und erscheint mir sinnvoller als die Vier-Hörner-Kombination mit angebautem Rennlenker. Das große Schaltwerk-Schutzblech ist akzeptabel; es sitzt übrigens (wie der Einbeinständer auch) auf Anlötbuchsen. Wo bleibt denn der Kabelzug für die Hinterbremse? Im Oberrohr! Unter dem Tretlager die Duralschüssel für Eroberernaturen.

Abb.195 Technobull Sherpa

GedichteterTB Steuersatz mit zwei Wälzlagern für ca. 90 Mark auch einzeln erhältlich .

Sichtbar, aber nicht benutzbar: Die Tragehilfe. In einer Hand muß man die Flasche halten, wenn das Bike gebukkelt werden soll. Dieses bis ins letzte Detail durchkonstruierte MTB kostet ohne die ganzen Sonderteile 2.660 Mark. Anschrift: Günter Sattler, Platanenstraße 9, 6055 Hausen.

Ulrich Herzog
Fahrrad für Kenner
6. Auflage

Dein Fahrrad, das unbekannte Wesen? Hier ist ein großes Grundlagenbuch, das präzise und unterhaltsam die gesamte Velotechnik beschreibt:
Von der Draisine bis zum Weltrekordfahrrad; Forschung, Fertigung, Fahrtechnik...
Das Fahrrad ist das Buch zur gleichnamigen mehrteiligen Fernsehserie. Es ist mit gewohnter Sorgfalt ausgestattet – viele z.T. farbige Fotos und Zeichnungen – und 1987 bereits in der zweiten Auflage erschienen.